JN258899

**The suit. It changes all your business.**

# ビジネスという勝負の場は一瞬、しかも服で決まる

ビジネスアピアランス コンサルタント
木暮桂子

ダイヤモンド社

# あなたはネクタイをどういう基準で選んでいますか？

あなたは、朝ネクタイを締めるとき、どういう基準で選んでいますか？

きっと、今日は人に会うからお気に入りにしようと思ったり、雰囲気が明るく見えるように明るい色を締めよう、などと考えて選んでいると思います。

でも、どうせネクタイを締めるなら、ぜひ、もっと踏み込んで戦略的に選んでみることをおすすめします。ネクタイはスーツでいちばん目立つ部分なので、この小さなパーツひとつで、がらりと印象を変えられるからです。

営業先で、爽やかさと勢いを感じさせて相手の心をつかみたいならば青いストライプのネクタイを、チームのリーダーシップを見せたいときは赤いネクタイを、人望を引き寄せたいならばピンクのネクタイを。


**ネクタイひとつで、印象は大きく変わります。**


これはスーツも同じです。

実は、黒のスーツは間違いだということを知っていますか？

黒はもともと冠婚葬祭の色なので、ヨーロッパの男性は黒いスーツは着ません。そんなことを言っても、日本ではたくさん着ているよ、と思われるかもしれませんが、スーツはヨーロッパで生まれたものです。

本当は間違いだけれど、日本ではＯＫ、ということを知っているのといないのとでは大違いです。

知っているだけで黒いスーツを買うときにやめるようにしたり、「正式な場にはやめておこう」「欧米の人が来るような席には着て行かない」などという判断ができるはずです。つまり、迷うことがなくなるのです。

この本では、スーツはもちろん、合わせるべき靴やベルトなど、本式のルールもすべて書いています。また、ポケットチーフの入れ方やいつもと違うネクタイの締め方なども掲載しています。

スーツの基本を知っておくと、急にきちんとした場に出なければならなくなったときに慌てなくてすみます。仕事でのプレゼンや交渉の場、大切な取引先と食事をすることになった、パーティに出なければならなくなった、社内での人事の面談がある……。ありとあらゆるビジネスマンにとって必要なシーンで、服のことに気を取られず、自分の仕事の中身に集中できるようになります。服のことを知れば、服に気を取られずにすむのです。

スーツが似合わない男性はいません。サイズさえ合っていれば、誰もがかっこよく着られる、七難かくす装いです。また、形や色も決まっているので、覚えるべきこともそんなに多くありません。**すぐ身に着くのに、知っておくとこの先一生困らない知識です。**

ぜひ、そんなスーツの力を最大限味方にして、自分のビジネスのお役に立ててください。

# 人は「見た目」で判断されている

「人を見た目で判断してはいけない」。子どもの頃、そんなふうに親に言われて育った、という人は少なくないと思います。私自身もそうでした。

しかし、本当にそうでしょうか?

「人を見た目で判断してはいけない」とよく言われるのは、実は人間がそういうふうに判断してしまいがちだから、というメッセージだと歳を重ねるにつれて思うようになりました。

アメリカ人のWilliam Thourlbyが書いた『You are what you wear』というタイトルの本があります。

直訳すれば、「見た目があなたである」とでもなると思いますが、この本にはハッとするような話が書かれています。

それは、「人はパッと何かを見たとき、一瞬にしてその裏にあるものを想像してしまう」というものです。

経済水準、教育水準、信頼性、社会的地位、教養水準、経済的背景、社会的背景、教育的背景、成功水準、品性といった10個のことを、みんなが無意識に感じ取るものだそうです。

たしかに、みなさん思い当たりませんか？

初対面の人の年齢はどのくらいか、どんな仕事についているのか、頭は良さそうか、清潔かどうか、どんな育ちなのか……。

話す前から、なんとなく推測しているはずです。

そして、怖いのは、その後いくらその人と話そうと、この無意識の印象を人は信じてしまいます。その人が言っていることよりも、「自分が感じたこと」を最優先するのです。

言葉そのものが人に与える影響は、わずか数パーセントしかありません。

見た目や表情、しぐさや視線といった視覚で判断する部分が50パーセント以上、声の質、速さ、大きさや口調といった聴覚が40パーセント近くを占めています。

人は「非言語」の要素で、多くを伝えているのです。

もちろん、あなたも非言語、つまり「外見」から多くの部分を判断されています。**印象は言語（バーバル）以上に、非言語（ノンバーバル）に影響されるのです。**最初におかしな印象を持たれてしまったら、挽回するのは、極めて難しいです。これを、「初頭効果」といいます。

ある新入社員の面接での衝撃的なデータがあります。

それは、相手が語っている内容よりも、人は「自分が感じ取った全体の印象のほうを信用する」ということを裏付けるものでした。

あるアメリカの文献で見つけた、「面接で、面接官が不採用にした理由のトップ10」は次のとおりです。

- □ **個人の外見が貧弱**
- □ **横柄、過剰に積極的、うぬぼれが強い、知ったかぶりに見える**
- □ **自己をはっきりと表現できない**
- □ **自信と平静の欠如。神経質、落ち着きがない**

□**興味と意気込みの欠如。受動的、無関心**
□**無目的あるいは無目標に感じる**
□**正規外の活動に参加しない**
□**金銭を過剰に強調する。支払のよい仕事にしか興味がない**
□**学校の成績が悪い**
□**下位からスタートするのを嫌がる**

ひどい言葉が並んでいます。

実は、この10の項目のうち、前半の6つまでは「見た目」から感じることが大いに影響しています。面接官も、外見だけではなく中身を見て決めようと思っているはずです。ですが、無意識のうちに評価がかなり外見に左右されています。

面接では、少ない質問に答えるということでしかアピールできません。ですので、外見にどうしても偏ってしまいます。これは、ビジネスで誰かに初めて会ったときにも言えるのではないでしょうか、外見を整えておくに超したことはありません。

# ビジネスパーソンが印象を操作するのは当たり前

そうはいっても、外見ばかり気にしている人は薄っぺらく、中身がないように見えるという人もいるでしょう。

しかし、こうした本当の姿を理解してもらうには、どのくらいのコミュニケーションが必要になるでしょうか。わかってもらうまでに、とても時間がかかるのです。「無愛想だけど、実はいい人だった」「冷たそうだけど、実は面倒見がいい」「いい加減そうだけど、実は有能で経験がある」

長い時間をかけてつきあっていくうちに、中身と外見のギャップに気づくこともあるでしょう。

でも、もしそんなコミュニケーションの時間がなかったとしたら。

最悪、「無愛想」「冷たそう」「いい加減そう」だけで自分の印象が終わってしまうのです。

たとえば、ビジネスで出世すればするほど、少ない時間でたくさんの人に会わなければならないことが多くなります。あるいは、「相手は自分のことを知っているのに、自分は相手のことを知らない」ということも増えていきます。部下の数も増えるでしょう。仕事でつきあう人数が増えていくのです。

そうすると何が起きるのかというと、一人ひとりにかけられる直接的なコミュニケーションの時間が少なくなるのです。

部下が少ないときには、一人の部下とじっくりコミュニケーションをとれますが、部下の数が増えれば、そうはいかなくなります。関わる部門も広がります。さらに、組織のリーダー的なポジションに就くことになれば、社員のみならず、外の人たちと関わる機会も増えていきます。顧客、取引先、金融機関、投資家など、数えればキリがありません。

マネジメントのレベルが上がれば、それだけたくさんの人と関係を持つ必要が出てきます。

初めて顧客と接することになったとき、おかしな「見た目」でのぞんだとしたら、相手はどんな印象を持つでしょうか。

また、初対面の人たちとの会合に出ることになったときは、どうでしょうか。どこかで話題に上った、どこかに登壇した、SNSで目に触れたなどもそうです。そういう場合、完全に外見からでしか判断されません。当たり前ですが、他の情報がないからです。

ビジネスでは、いつなんどき、チャンスがやってくるかわかりません。外見だけで、だいたいあなたの人柄を伝えられれば、こんなに効率のいいことはありません。外見を整えることは、いつなんどき来るかわからないチャンスに備えるということ。常に「READY」（＝準備よし）の状態にしておくということです。

人は初対面の短い時間の中、多くの「非言語」で判断します。そして、一度ついた印象を覆すのは難しい、となれば、「見た目」を効果的に使うことは極めて重要になります。**最初の印象が悪ければ、中身で勝負するチャンスさえ得られないこともあるからです。**

実際、グローバル企業の多くは、仕事のスキルのみならず、「見た目」も重視しています。「見た目」の専門家を入れ、社員をサポートしている会社が多いのです。

特に、役員クラスには、スピーチライターのみならず、ファッションや色彩の専門家もアドバイザーとしてつけている会社がたくさんあります。なぜかといえば、それだけで、印象が大きく変わるからです。

そのことに気づいた、ある日本の大手企業がありました。ビジネススクールを運営している会社に務めていたとき、次世代リーダーたちのプレゼンを見た役員から、「内容はいいんだが、見た目や話し方が伴っていない。なんとかならないか」という相談があったのです。

このときから依頼を受けて、見た目に関する講座を行うことになりましたが、驚くほどの反響があり、多くの方が受講しました。ちなみにこのときに用意した講座を受けられた方は、みなさん順調に出世され、役員になった人もいます。これが私がビジネスにおける見た目――ビジネスアピアランスの大切さを実感するようになったきっかけです。

## 「見た目」で損をしている人は多い

私が行っているのは、「ビジネスアピアランス」の改善です。

ビジネスアピアランスとは、文字どおりビジネスをするうえでの「見た目」のこと。

ファッションを中心に、プレゼンテーションや話し方、接遇、マナーまで幅広くビジネスパーソンにお伝えしています。

現在では、クライアントには経営者、政治家、外資系企業の方々をはじめ、コンサルティング業界や営業の方など様々な人がいます。「たくさんの人に会う」「時間がない」職種の方が多く、上司に「お前の話をきちんと聞いてもらえるかは見た目で決まる」と言われて紹介されてくる方もたくさんいます。

中には会社のセミナーとしてしぶしぶ来ている方もいるのですが、最初は「見た目なんて大したことないだろう」という姿勢で聞いている方も、話を聞くうちに途中から身を乗り出します。

本を読んだり、自己啓発のためにさまざまなスキルアップのスクールに通ったりと自分のために学ぶ時間も大切ですが、これには時間がかかります。

**しかし、服は、変えるだけで、印象をがらりと大きく変えることができて、即効性抜群です。**どうせ服は着なければいけないものです。それこそ、自分のための費用の、その一部でも「見た目」に投資してみることをおすすめします。その大きな価値に驚くはずです。

この本で、ファッションとしての服装ではなく、あくまでも「ビジネスの正しいスーツ」の視点を知っておきましょう。

これを身につけて、ぜひ一流の「見た目」を手に入れてください。

# Contents

［第１章］

# まずネクタイを押さえれば、印象はがらりと変わる

［第2章］

# 黒いスーツは着ない

[第3章]

# シャツは高価なものより、サイズの合うもののほうが価値がある

［第4章］

## スーツに紐のない革靴は絶対にダメ

［ 序章 ］

# 「あれ？」と思われたら負け

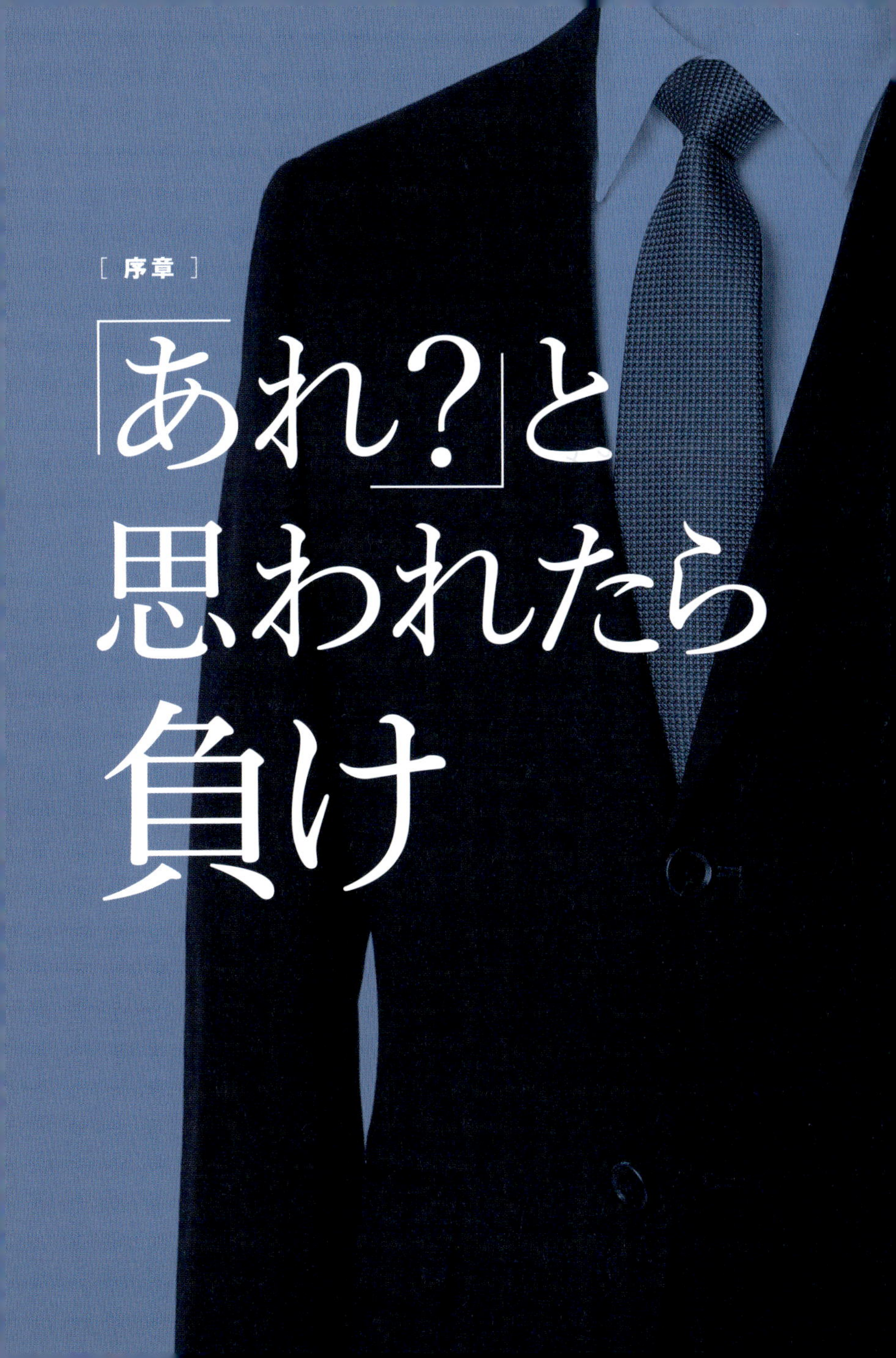

01

# 「見せたい自分」は相手には届いていない

企業の役員クラスを対象にしたセミナーで、まず私はこんな取り組みをします。それは、「自分は周囲から、どんなふうに見られていると思うか」のチェックシートにチェックをしてもらうことです。そのシートには「感じのよい」「フェアな」「誠実な」「堂々とした」「思いやりのある」「華やかな」などのチェックの項目が書かれており、複数の項目に自分の思うままにチェックを入れていただきます。

そしてその後、セミナーに出席している同僚に、同じシートを渡して、実際他の人からはどんなふうに見えているか、外から評価してもらいます。

面白いのは、「自分はこう見られている」と思っていることと、「周囲はこう見ている」ということとの間に、しばしば大きなギャップがあることです。

みなさん、このシートをつきあわせると、あまりに違うことに驚かれます。

自分が思っている印象と、他人が思う印象は違っていることが多いのです。

実は、このチェックシートの仕上げとして、「自分がこう見せたいと思う印象」を最後に書き入れます。

装いの力はとても強力なので、自分が思い描く「こう見せたい自分」に対して、客観的なスコアが低い場合は、装いの力があればギャップを埋めていけます。

そもそも、この表をつけるときに、迷われる人も多いです。

「自分をよく見せたい」と思う人は多いけれど、「どう見せたいか」を考えている人が少ないからです。

「優しい」「アグレッシブ」「教養がある」「自信がある」「親しみやすい」など、どういうふうに見られたいかを具体的に考えておくと、その装い方は明確になってきます。

この本では、34ページに基本の6パターンの「見せ方」を解説しました。ぜひ、自分の印象を自分の装いの力で操ってください。

**たくさんの人に、短時間で正しく自分を理解してもらうこと。**
**そのためには、「外見」を効果的に使うことが求められます。**

02

# 必要なのは、ファッション誌のいでたちではない

男性は「見た目」について誤解があるのではないか、と私は思っています。そもそも、お洒落をする、ということについて、違和感や抵抗感を持っている人が少なくないのです。

「なんだかチャラチャラしている」

「洋服なんぞに気を遣って」

「中身がないいんじゃないか」

……。ここまで思っていなくても、似たようなイメージを持っている人は多いのではないでしょうか。

「まずは中身を磨いてから、外見を」とはよく言われることですが、この言葉の背景にも、「見た目を気にすることは、あまりよいことではないのではないか」「薄っぺらい男に見られてしまうのではないか」という思いがあるような気がします。

また、「見た目」を気にする、というと、過度に着飾るイメージを持っている人も

少なくないようです。実際、「まずはポケットチーフを胸にさすことからですか」と真顔で聞かれたこともありました。

もちろん、ポケットチーフをさすのにふさわしい場であれば、さすのもいいことですが、それが「外見を整える」ことではありません。

こうした男性のイメージに影響しているものとして浮かぶのが、男性向けファッション誌です。

私は男性ファッション誌を否定するわけではまったくありませんが、「ビジネスの場において」という点では、参考にするべきではありません。

ファッション誌は、常に流行を追い求め、おしゃれであれと提唱しています。プライベートはもちろんそれでいいのですが、それをビジネスの場に持ち込むと浮いてしまいます。変に悪目立ちするといってもよいかもしれません。

ビジネスでの装いは、「かっこよくする」ということがゴールではないからです。

**それを着る人の中身と一体となって、人となりを表現するものでなくてはなりません。**

実際、「ビジネスの場において」、きちんとした装いを教えてくれる男性ファッション誌はない、と言ってもいいかもしれません。

また、もうひとつ、影響しているのがセンスという言葉です。

「あいつはセンスがいいから」

「自分にはセンスはないから」

しかし、ことビジネスの装いにおいては、センスは関係ありません。

ここで必要なのは、洋服の知識をきちんと持っておくということ。実際、正統派のスーツを着こなす姿は、過度なおしゃれよりもカッコ良く見えるという女性の声は少なくありません。


「見た目」をきちんとすることとは、ひとつの礼儀だと考えなければいけないと私は思っています。ある世界的な企業の元経営者から、こんな話を聞いたことがあります。

**「装いというのは、人への究極の気遣い。自分のために装うのではなく、相手のために装わなければいけない」**

「見た目」を気にすることに抵抗感を持っている場合ではありません。

それは礼儀であり、気遣いなのです。

そして、「見た目」にまで気を配れていることは、仕事にも気を配れているという評価にもつながります。

実際、総合商社にいた新人時代にそんなふうに上司に教わって、意識が大きく変わったという経営者の声を聞いたことがあります。一緒に打ち合わせなどについて行くとき、装いについて徹底的に叩き込まれたのだそうです。

03

# 「課長クラスの外見」と「トップの外見」には大きな差がある

企業のウェブサイトを見てもらうとわかると思いますが、それなりの大企業のトップはみな、魅力的な外見をしています。

もともとの顔立ちがいいのでしょうか？

全員が全員、そんなわけはありませんね。トップたちは、その大切さをわかっているからこそ、「見た目」の専門家をつけていることが少なくありません。

いいスピーチをするためにスピーチライターをつけるように、いい装いをするためにビジネスアピアランスの専門家をつけます。そして、写真の撮影などにも細かく気を配る。そうやって、印象をつくっています。つまり、印象を操作しているのです。

自分はセンスがないから、「見た目」は気にしなくていい、という経営トップはまずいないと思います。

やはりリーダーになる人というのは、「人を魅了する力」の強い人が多いです。

そういう人は、自分の能力だけでなく、「外見」の力をわかっています。外見を操作して、「信頼感」「優秀さ」などの説得力を増しています。**こういう力も使えるからこそ、リーダーであるとも言えます。**残念ながら、課長で止まってしまう人というのは、全体的に人を魅了する力が弱いと思います。

エグゼクティブ層になればなるほど、「見た目」は重視されていきます。よく聞く話ですが、アメリカでは肥満のリーダーはほとんどいません。自己管理ができないと思われるからです。

海外と仕事をすることの多い企業を皮切りに、日本にも同様の傾向が出てきています。「見た目」のことは知っていて損ではないどころか、人生を変えるほど大きなメリットとなります。

# 04

## 「見た目」が変わると自信が出てくる。「中身」まで変わる

私はこれまで多くの個人、企業の外見力強化コンサルティングや企業研修などを手がけてきました。中には、「見た目」を変えたことで、人生が変わった、と語ってくれた人もいました。

ある会社員の男性が、スーツを紺色に変え、ネクタイを何本か持ち、髪型を変えました。それだけで、雰囲気が「スタイリッシュで仕事ができそう」に変わりました。自信も伝わるようになりました。

彼はこう語っていました。明らかに周囲の自分を見る目が変わった。違う視線を感じるようになった。女性からの反応もいい。注目されていることがわかると自信が出てきた。姿勢も変わった。意欲的に仕事に向かえるようになった……。

こうなれば、仕事もうまくいくようになります。

私の講座を受けた方は、一度見た目を変えると、自ら「見た目」に気を配るようになります。

ベストな服を着てみて、「あ、これか」という心地良いものを感じてもらえたら、あとはもう大丈夫です。洋服を変えるのは、習慣なので勇気のいることです。しかし、一度だまされたと思って、試してみてください。そうすると、半分は成功したようなものです。一度やってみるということが大切です。

一度身につくと、これが、またプラス効果を生み、自信につながる。まさに、ポジティブスパイラルが起きます。こうなると、もう一生着るものは大丈夫です。

組織のサポートをしたときには、部下の変わりように、上司から驚きの声をいただくこともありました。

「見た目の雰囲気も変わったが、プレゼンの仕方がまったく変わっていた」。

「中が外に染み出す」という言葉がありますが、「外が中をつくる」ことも必ずあります。

まずは「見た目」をつくって、それが人に認められ、信頼感を得やすくなれば成果につながり、活躍の場が人間としての厚みも生み出し、今度はそれが外ににじみ出てくる。そんないい循環が生まれてくるのです。

もちろん中身を磨くことも必要ですが、それが表に出てくるには、時間がかかるものです。ぜひ、中身を磨きながら、同時に「見た目」も変えてください。

一度でも「見た目」を変えるメリットに気づければ、最初の一歩が踏み出せます。

**最初の一歩さえ出せればしめたもの。一生、「洋服のせいで得する」人生になるでしょう。**

05

# どう思われたいかという戦略を持っておく

自分は「見た目」をつくるのが苦手だ、という声もよく聞こえてきます。

ひとつ言っておきたいのは、多くの人が同じようにファッションには苦手意識を持っている、ということです。

お洒落が得意だと思っている人は、ほんの一握りしかいませんし、それはそれでビジネススーツとしては間違ったものを着ている場合もあります。

ビジネスの洋服で大事なことは、「見た目」が重要である、ということをしっかり認識すること。そして、「見た目」にも働いてもらうのだ、という意識を持つこと。

それを戦略的に行うことです。**言葉を変えれば、外から自分はどう見られたいのか、定めておきましょう。**

お洒落が得意かどうかは関係ありません。スーツは知識だけあればすぐサマになります。

印象を操作することはとても大切です。そんな姑息なことを、などと思うべきではありません。印象を操作しなければ、持ってほしくない印象を持たれたりしかねません。相手に間違ったメッセージを発信してしまうリスクが常に潜んでいる、ということを知っておきましょう。それを防ぐのが、印象の操作なのです。

だからこそ、大切になってくるのは、どんな印象を持たれたいのか、自分で定めていくことです。

ビジネスマンとして持っておくといい「見せたい印象」はざっくりと以下の6つです。

このタイプの違う6つを持っておきましょう。ビジネスのあらゆるシーンに合わせて、これらをチョイスできれば最強です。

**1 若々しさやアグレッシブさなどのスポーティな雰囲気**
**2 品の良さや育ちの良さ、穏やかさなどのジェントルな雰囲気**
**3 優しさや話しやすさ、人の気持ちがわかるといったフェミニンな雰囲気**
**4 自信や大胆さ、力強さのあるリーダーの雰囲気**

**5 信頼感や落ち着きなどのコンサバティブな雰囲気**
**6 独創性や革新、個性的などのクリエイティブな雰囲気**

この本では、この6つを手に入れることができるようになります。

これら6つの中から、「自分の基本パターン」をまず選ぶことをおすすめします。「周囲から持ってもらいたい印象」を踏まえ、ご自分の職業と性格から選ぶのがいちばんです。

しかし、毎日の仕事の中では、いつもは「若々しく、アグレッシブに見せているけれど、今日は信頼感をつくる服装でいきたい」という日もあるでしょう。

**ぜひ、その日に合わせてチョイスしてください。**

必ずこの本一冊で、自分の印象を操作できるようになります。

06

# キーワードは「あれ？」と思われないこと

自分の装いや持ち物が、知らず知らずのうちに相手からマイナスのイメージを持たれていたとしたら……。洋服などのことは、まず誰かから直接指摘されることはありませんので、こういう可能性はあります。とても恐ろしいことですね。

では、マイナスイメージを持たれないためにはどうすればいいでしょうか。

まず私は、具体的なスタイリングに入る前に、いつもこう話をしています。

それは、何より大事なことは、「あれ？」と思われないこと。

これこそが、大切なキーワードです。

装いであれ、持っているものであれ、それに対して相手から「あれ？」「違和感があるな」「なんだろう」と思われた瞬間、それは正しいものではありません。

仕事をしているときに、相手の気が自分の服に逸れてしまったということは、マイナスの意味で目立ってしまったということです。

よく言うことですが、装いをちゃんとするということは、目立とうとすることとはまったく違います。むしろ逆です。洋服で目立つ必要はまったくありません。**目立つためにではなく、相手に違和感を持たれないようにするために、きちんとするのです。**

そしてここで注意しなければいけないのは、自分目線ではなく、相手目線を基準にするということ。

要注意なのは、自分では目立つつもりがなかったとしても、相手から見ると目立ってしまうことです。だから、スーツの知識をぜひ大切にしてほしいと思います。この本に書かれていることを実践しておけば、誰かから「違和感がある」と思われることはありません。

装いで忘れてはならないのは、評価するのはあくまで相手だ、ということです。そのために必要なのが、スーツの知識なのです。

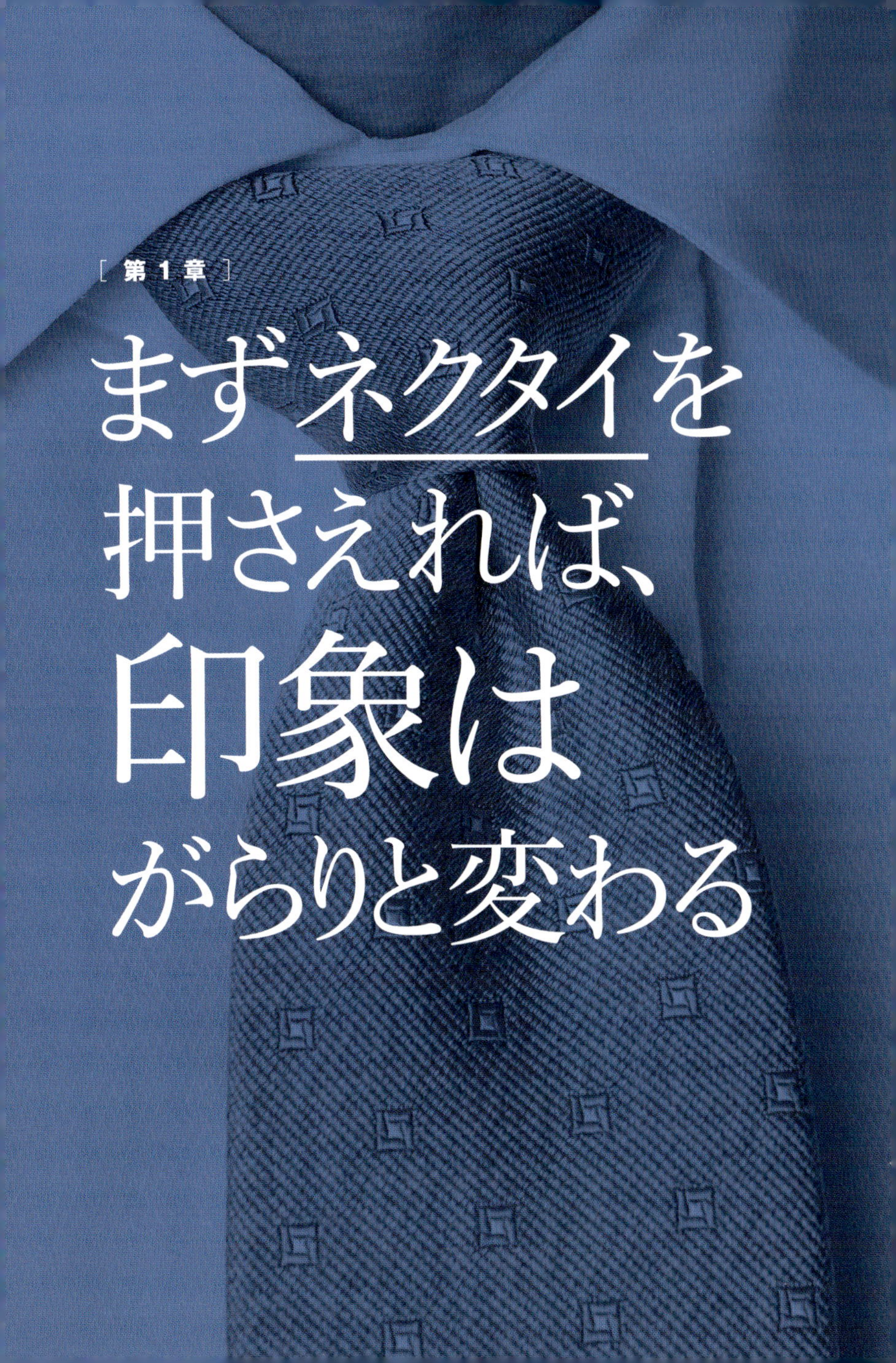

［第1章］

# まずネクタイを押さえれば、印象はがらりと変わる

01

6本持とう

# まず持っておきたいネクタイは6本

人の気持ちがわかる
**フェミニン**

品がよい
**ジェントル**

若々しさなどの
**スポーティ**

独創性の
**クリエイティブ**

信頼感の
**コンサバティブ**

力強さの
**リーダー**

右上から時計回りに
**ネクタイ**：フェアファクス、フェアファクス、フランコスパダ、フェアファクス、フェアファクス、私物（ルイジボレリ）

まず、スーツでいちばん重要なのはネクタイです。

顔まわりに来るので、いちばん印象を決めるからです。

だから、スーツを買うよりまず最初に揃えてほしいのがネクタイです。**同じスーツでも、ネクタイさえ変えれば、好きなように印象を変えることができます。**

その日誰に会うか、どんなスケジュールが入っているか、今日一日を思い描いて、「今日はこのネクタイだ」と決めましょう。その日の予定とネクタイをリンクさせるのです。

最低でも、持っておけばいいのがこの6本。

この6つで、34ページでご紹介をした「若々しさなどのスポーティ」「品が良いジェントル」「人の気持ちがわかるフェミニン」「力強さのリーダー」「信頼感のコンサバティブ」「独創性のクリエイティブ」といった、それぞれ違った雰囲気が出せます。

この6つを持っておけば、「似たような」ネクタイしか持っていないことも避けられますし、またその日の自分をチョイスしやすくなります。

ここでご紹介しているのは、それぞれの代表的なネクタイです。

次のページから詳しくご紹介します。

02

バリエーション
スポーティ

# エネルギッシュなネクタイは赤のストライプ

**ネクタイ**
右：イセタンメンズ
左・中：フェアファクス

エネルギッシュでポジティブ。でも、親しみやすくて人なつっこい。「スポーティ」なイメージは、こんな雰囲気を出したいときにぴったりです。「赤」で「ストライプ」のネクタイを選んでください。

体育会的な精悍さも、いいアニキ的なみんなを引っ張る明るさも、このネクタイがつくってくれます。

**赤色は、「強い」という印象を与える色です。そして、ストライプは勢いがある印象になります。**

写真のいちばん右側のもののように、赤の分量がいちばん多くなくても、どこかに赤が入っていればＯＫです。

また、歳を重ねた人がつけた場合でも、これらのネクタイは、若々しく見せてくれます。

経営者では、精力的なローソン会長の玉塚元一《たまつかげんいち》氏、大胆なサントリーホールディングスの新浪剛史《にいなみたけし》社長などの印象になります。自分を今日エネルギッシュに見せたいときは、このネクタイです。

03

バリエーション
ジェントル

# 教養があり、品を良く見せるネクタイは茶色

**ネクタイ**
右：フランコスパダ
中：私物（ルイジボレリ）
左：私物（ロベルトビアジーニ）

たとえば、大事な取引先との会食に、同席することになったとき。

さて、どんなネクタイをしていけばいいでしょうか。

こんなときは、上品で洗練されていて、教養やエレガントさを漂わすことができる「ジェントル」なネクタイをぜひ選んでください。

選ぶのは、茶色などの落ち着いた色味。**赤や青などのはっきりとした色ではなく、写真のような茶色や紺、水色などの優しい色合いです。**

また、模様のコントラストも抑えめにするのが、ポイントです。写真のようにストライプなら同系色、左端の小紋柄でも、やはり同系色で目立たないようにしましょう。小紋とは、小さな柄のことです。他にも、柔らかな紫などもいいですね。

特に、夜の会食ならばこれらの色で、光沢があるものもおすすめです。夜にきらっと少しだけ光って、センスのよさが感じられます。

パーティや、親しくなりたい人と話すときなど、ちょっとあなたの素の顔を見せたいときにもおすすめ。教養があって、知的に見えます。女性からの人気が高いのもこのタイプのネクタイです。

04

バリエーション
フェミニン

# 「何でも話したくなる人」は優しいピンクのネクタイ

**ネクタイ**
右・中：フェアファクス
左：フランコスパダ

何でも話したくなる人がいます。やさしさ、穏やかさがあって、人の気持ちがわかる人。こういう人は、まさに「フェミニン」の雰囲気です。

**社内で円滑なコミュニケーションを図りたいときや、チーム内で距離を縮めたいときは、ぜひこのネクタイを締めてください。**部下と腹を割って話したい面談などにもおすすめ。

私は、女性の部下を多く持つ人にもこの色をおすすめします。部下や女性に受け入れられる空気をつくりだします。

あたたかみがあって親身になってくれるという雰囲気が出るので、同じチームの仲間や直属の部下などに慕われるでしょう。

おすすめの色は柔らかいピンクやクリームイエロー。写真の右端のような、ピンクにグレーが混ざっているものでもいいでしょう。これも、前のページのジェントルと同じく、強いピンクや黄色などではなく、優しいものを選んでください。

ストライプや小紋を選んでもいいですが、こちらも色の対比が強くない、コントラストが抑え目なものにしましょう。

05

バリエーション
リーダー

# 強い「リーダー」を示すときは真っ赤なネクタイを

**ネクタイ**
右：私物
中・左：フェアファクス

「リーダー」の風格を漂わせるのが、赤や青などの「原色パッキリ」のネクタイです。

**写真の左、白のストライプが入ったネクタイのように、コントラストがはっきりしたものもおすすめ。**光沢がかかっているものなら、なお強さが出ます。

70ページの右上のような真っ赤なネクタイも代表的です。

堂々と見せたいとき、リーダーとして頼もしさを出したいときなど、組織のリーダーとして人を引っ張っていく印象を出したいときにぴったりです。

大きなプレゼンテーションのときや、檀上に立つとき、チームリーダーとして人に会ったりするときなど、「際立たせたい」場合はこのネクタイをぜひ締めてください。

楽天をイチから立ち上げた三木谷浩史社長、ワークスアプリケーションズを創業した牧野正幸社長などのイメージになるのがこのネクタイです。

強さがあり、超然としているリーダーの印象をつけたいときは、ぜひこの「原色」ネクタイを使ってください。

06

バリエーション
コンサバティブ

# 誠実で真面目に見せたいときは、「小さな柄」を

**ネクタイ**
右・中：イセタンメンズ
左：フランコスバダ

ビジネスマンなら必ずある、真面目さや誠実さを出したいシーン。大口の取引をするとき、製品や企画の魅力を自分の人柄とともにしっかり伝えたいとき、上司と一緒に仕事に伺うとき……。誠実で控えめ、飾らない人柄などを表したいシーンでのネクタイがあります。

**まず、小さな柄の小紋を使いましょう。柄が小さなものは、落ち着きを表します。**また、ネクタイの色自体も、抑えた赤や青などにしましょう。光沢のないものがベストです。

これらのネクタイは私は「コンサバなネクタイ」と呼んでいます。責任感がきちんとあって、信用できる。秩序正しく、行動してくれる。そんなふうに、きちんと見られたいシーンでふさわしいネクタイです。「信頼感」が必要な、高額の商品を扱う販売の方や、ホテルやレストランでのサービス、また秩序正しさが必要な経理の方などにもおすすめです。

また、会議などで「今日は目立ちたくない」という日もありますよね。存在感を消したい日や、主役が他にいる日などにも裏ワザ的に使えます。

07

バリエーション
クリエイティブ

# クリエイティブ、個性を感じさせたい人はポップな柄を

**ネクタイ**
右・中：フェアファクス
左：イセタンメンズ

「この人、ユニークな創造力があるんだな」と、アーティスティックに思わせたいなら、写真のような柄のネクタイです。

このタイプは、とにかく「派手」「ポップ」「個性的」なもの。色や柄など、決まったものがあるわけではありません。

普通っぽくはないので、デザイナーなどの専門職や自分でつくる仕事をする人など、業種業界は、ある程度限定されるかもしれません。一般企業では、ちょっと派手すぎる面もあります。

**面白いアイディアを出してくれそうだ、面白い提案をしてくれそうだ、という空気を醸し出したい場合は、ぜひ選んでください。**経営者でいえば、型にはまらずユニークな印象があるスープストックの遠山正道社長が、これら創造力を感じさせるネクタイの印象です。

ただ、このタイプは仕事や人を選ぶので、関係ない職種の人が突然これを選んでしまうと、かなり浮いてしまうことは覚えておいてください。パーティなどでも「個性的だな」と思われてしまいますのでご注意を。ビジネスシーンでは、「違和感」を感じさせる可能性が高いです。

08

結び目

# ネクタイを隙間なく締めるだけで格段に違う

正解！

NG

NG

NG

**ネクタイ**
私物（ユナイテッドアローズ）

「どこか違う」男性が、まず例外なく大切にしている基本の着こなしがあります。それは、写真のようにワイシャツは第1ボタンまでしっかりとめ、ネクタイもきちんと締めること。このように隙間なく締めるだけで、清潔感や信頼感が格段に違います。

慣れないと苦しかったり違和感を感じたりするかもしれませんが、まずは大事な打ち合わせなどの仕事の間だけでも、ビシッと締める基本を強く覚えておいてください。驚くほど印象がいいはずです。

写真のNG例を見ていただくとわかるのですが、ワイシャツのいちばん上のボタンを外したり、首回りをゆるめてネクタイをしている姿は、やはりみじめったらしく見えて残念です。

ビシッとを心がけるうちに慣れてきますし、シャツをゆるめたりしてあけている人は意外に多いので、これだけで「あの人少し違う」と差がついてみえます。

「結び目の隙間は心の隙間」です。**ネクタイをした姿を最高にかっこよく見せる、極めて簡単なこのルールをぜひ覚えておいてください。**

09

結び目&長さ

# 長さはベルトの下まで

正解！

NG

NG

ネクタイ
私物（ユナイテッドアローズ）

ネクタイをビシッと締めるのと同じくらい大事なのが、長さです。

正解は、右の写真くらいのベルトの少し下あたりです。ベルトのバックルがちょうど隠れるくらいにしましょう。このくらいの長さになるよう、ネクタイを締めるときに気をつけて習慣にしてください。

**ネクタイはとても目立つので、NGのように長すぎたり短すぎたりすると、違和感が大きくなってしまいます。**服装はすぐ性格に結びつけられてしまうので、長いと仕事がノロい印象、短いとせっかちでおっちょこちょいの印象を持たれてしまう傾向にあります。

ネクタイを正しい長さにしているだけで、きちんとした人に見えます。私の印象では、男性の半分くらいの人が長かったり、短かったりと正しい人は意外と少ないので、ぜひ長さは意識してください。差がつきますよ。

ときどき細いネクタイやニットタイなどについて尋ねられることもありますが、おすすめしません。これらは遊び用で、スーツの伝統にはないからです。もちろん太いのもだめです。

使うのは、「普通の幅のシルクのネクタイ」一択だけと覚えておきましょう。

10

シチュエーション
営業

# 営業のネクタイは青のストライプ

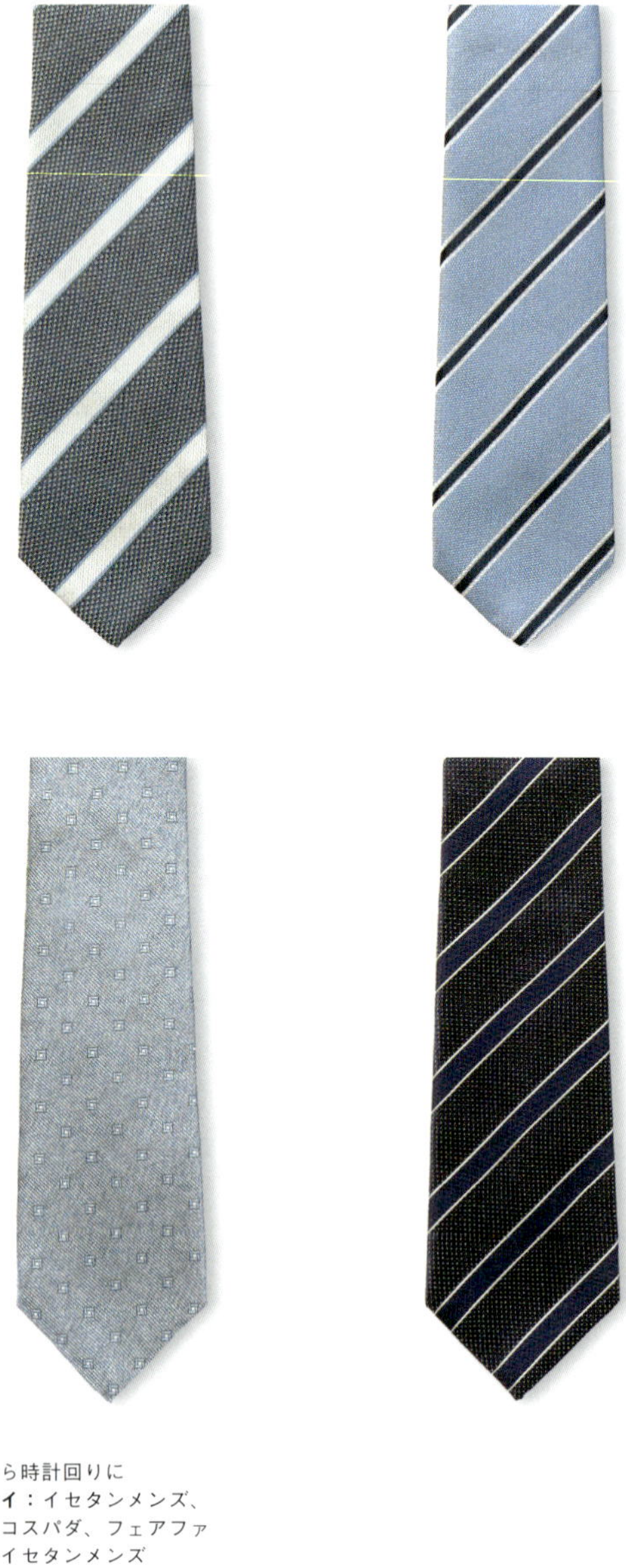

右上から時計回りに
**ネクタイ：**イセタンメンズ、フランコスパダ、フェアファクス、イセタンメンズ

お客さまに商品を提案する。プランニングして販売する。お客さまのビジネスを自分たちの商品でサポートしていく。外部の人と、爽やかで安心したおつきあいをする営業の仕事。**営業でのベストのネクタイは、紺や水色をベースとしたカラーです。**

これらのネクタイは、爽やかさ、安心感、清潔感が出ます。

営業といえば、情熱を伝えられる赤系統の色がいいのではないか、と思われる方もいるようですが、赤は営業としては押しが強すぎて暑苦しい、という印象を持たれかねません。だから、基本は、ぜひ紺や青にしましょう。

また、ストライプは動きを出すので、若々しさやアクティブなイメージになります。もし小紋にしたいときは、地味な柄や小さなものにするのではなく、柄の大きいものにしましょう。そうすると、印象に残り、また、弱々しい雰囲気にもなりません。

爽やかで勢いがあるけれど、暑苦しくはない。

誰からも好感度が高いネクタイは、青のストライプ、または青の大きな柄です。

11

シチュエーション
プレゼン

# プレゼンテーションでは、情熱の赤か、知性の青か選択する

**ネクタイ**
左下：フランコスパダ
その他：フェアファクス

ライバル会社とコンペティションで競うことになった。何か新しい提案を持ってきてほしい、と取引先に言われた。プロジェクトの総括を会議でしてほしいという依頼を受けた。

## 大事な「プレゼンテーション」では、情熱と実行力を表す「ストライプ」のネクタイをしましょう。

このとき、強く意識してほしいのが、そのプレゼンでは熱さと冷静さ、どちらを売りにしたいのか、ということです。前者なら、熱いイメージやエネルギーが伝えられる赤を。後者なら、知的さ、安心感や信頼感を醸し出す青を選びましょう。そして、柄はストライプを選びます。

特にプレゼンテーションは、装いも極めて重要なファクターになります。話し手が目立ちますし、話の内容と、話し手の人柄も総合的に判断されるからです。装い次第で最も大きなインパクトをつくってしまう場面です。ぜひプレゼンの戦略に入れてください。

熱さ、強さを打ち出すのか、ロジカルさやスマートな感じを売りにするのか。プレゼンテーションに合わせたネクタイを選び、味方にしてください。

12

シチュエーション
社内

# 社内で意志を伝えたい場合のネクタイ

［社内プレゼン・明るい人柄が伝わる］

［社内プレゼン・情熱が伝わる］

［社内面接・要望などを落ち着いて伝える］

［社内面接・情熱が伝わる］

**ネクタイ**
左上：フェアファクス
その他：イセタンメンズ

たとえば、上司に新しい提案をする機会をもらった。役員会で経営陣に自分の企画を提案することになった。あるいは半期に一度の上司との面談がやってきた。

こんなときには、部下として、上司に伝えたいさまざまな種類のことがあるでしょう。自分の情熱なのか、それとも悩みなのか。ネクタイの力を借りて、社内コミュニケーション上手になってみましょう。

まず、上司に新しい提案をしたり、大きなプロジェクトのための社内プレゼンなどで情熱を伝えたい場合。このときの基本は、前ページのプレゼンの赤のネクタイと同じで、写真右上のようなネクタイがおすすめです。ストライプで若々しさ、アクティブさも強調できます。また、上司と距離が近い面談などで、これだと熱くるしい、というときは右下の赤の小紋もいいでしょう。

**左上のイエローは、明るい人柄やチャレンジ精神を表します。**人柄や、やる気を伝えるので、これも社内プレゼンにおすすめです。

また、左下の紺や、写真にはないですがグリーンといった色は、安心と落ち着きのイメージになります。日頃の悩みや要望などを話すときにぴったりです。ぜひ状況に応じて使い分けてください。

13

シチュエーション
部下との面談

# 人望を引き寄せるピンクのネクタイ

右上から時計回りに
**ネクタイ**：フェアファクス、イセタンメンズ、フランコスパダ、イセタンメンズ

部下と集中的に面談をする季節がやってきた。あるいは部下を別室に呼んで注意をしたい。後輩に伝えたいことがあって食事に誘った。

そんなときに必要なことは、お互いに心を開きあうことです。相手から見て、自分が「この人に話を聞いてもらいたい」人になれればスムーズです。

部下や後輩との繊細なコミュニケーションで大事なことは、本音をしゃべってもらうことです。そのためにも、なごませるような空気をつくりたいところです。

さきほどもお伝えした「フェミニン」のネクタイがこの空気づくりにはぴったりです。

特に活用しやすいのが、ピンクのネクタイです。

**ピンクは、やすらぎや安心感、余裕感を出します。**部下をリラックスさせるにはこれ以上の色はありません。また、写真のような、黄色や水色などの優しい色合いのものもおすすめ。柄のコントラストも、ソフトではっきりしない、やわらかい感じのものがいいでしょう。

14

シチュエーション
謝罪に行く

# 謝罪のときのネクタイは、紺のみ

**ネクタイ**
左：私物（マリネッラ）
右：フランコスパダ

仕事をしていると、必ず起こる「謝罪しなければならないとき」。トラブルが起きて、謝りに行かなければならなくなってしまった。ミスをして、お客さまにご迷惑をかけてしまった。あるいは、部下ではカバーし切れず、自分も謝罪に同行することになった。そんなとき、ネクタイは絶対に間違えてはいけません。

かつて消費者に迷惑をかけた企業のトップが、記者会見でオレンジ色のネクタイをしていたことがありました。社会の反発はおさまらず、「あのネクタイは何だ、本当は謝る気持ちなんてないんじゃないのか」と叩かれ、再度会見することになりました。もちろんネクタイだけが原因ではありませんでしたが、会見の不手際をネクタイが助長したとも言えます。次の会見では、ネクタイは地味な紺色に変わっていました。

**謝罪するときには、「紺のネクタイ」だけです。**

無地や、目立たない小さな柄にしましょう。光沢のあるものは避けること。もちろんアクティブなイメージになるストライプはふさわしくありません。

相手からの印象というのは、謝罪時には厳しいものになります。本気の謝罪の気持ちが伝わるように、余計な印象がつかないように、必ず紺のネクタイのみを選んでください。

15

シチュエーション
面接

# 採用面接でのネクタイは、青のストライプ

ネクタイ
左下：フェアファクス
その他：イセタンメンズ

転職や、新卒の採用面談でのスーツ、気を遣いますね。ぜひ、有能さをアピールしたいところです。

面接でのネクタイは、営業のネクタイと似るのですが、「青でストライプ」をおすすめします。青で自分の誠実さ、清潔感、爽やかさと、ストライプで勢いを表しましょう。

力強さや、個性を表したいと思われるかもしれませんが、赤や目立つ柄などで自己主張をしすぎると、むしろ抵抗感を持たれてしまいかねないのが、採用の面接です。

**営業のネクタイとの違いは、ストライプを写真くらいの細めのもの、そして同系色を選ぶこと。**これで、勢いを強く感じさせることはなくなります。

もちろん、営業系の職種なのか、スタッフ系の内勤職なのか、ということで「どう見られたいか」は変わってくると思いますが、あまり強烈にならないことが大事。何度も言いますが、服装の基本は、「違和感をつくらない」です。

特に面接で避けるべきなのは、黄色やピンクといった色。やさしさや穏やかさをアピールすることができる色ですが、面接では自己主張が弱すぎ、頼りなく見えてしまうかもしれません。

16

シチュエーション
壇上に立つ

# 講演やセミナーの壇上では光沢のパキッとしたネクタイ

右上から時計回りに
**ネクタイ：**フェアファクス、イセタンメンズ、フェアファクス、フランコスパダ

講演会に招かれて、壇上でスピーチをすることになった。大勢の人の前でセミナーの講師として、話をしなければいけなくなった。

100人以上などの大勢の前に立つ場合は、思い切って目立つネクタイを選びましょう。赤や青の、原色に近い色がいいでしょう。**無地かストライプがおすすめです。**光沢のあるものだとなおよいでしょう。また、ストライプの場合は、地の色とまったく違う、例えば、白と濃い色のような強くはっきりしたコントラストのものを選ぶこと。

こちらも、赤い場合は情熱を、青い場合は冷静さを表します。

壇上にいる人は、特に大きな会場では遠くから見えにくいので、遠くからでも、はっきり見える色がいいのです。ぼんやりした色だと、ぼやけてしまって、映りがよくありません。

また、ピンクなどの薄い色は、照明で色が飛んでしまうことも少なくありません。

それこそ、思い切ってギョッとするくらいの色柄にするのがおすすめです。会場映えしますし、堂々と自信のある雰囲気を出せます。

17

マトリックス

# 色は、冷静か、情熱かで選ぶ

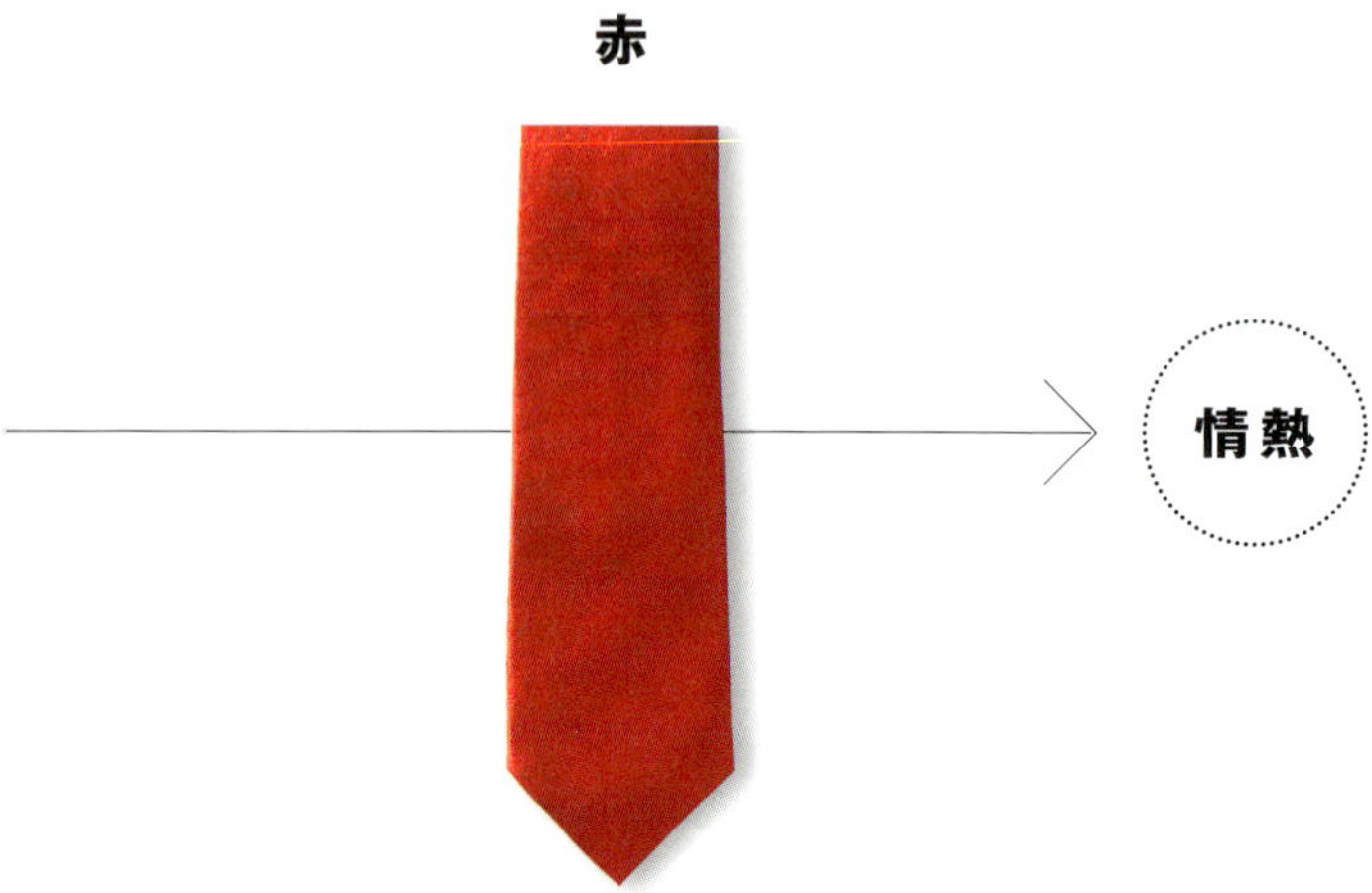


ここからは、ネクタイを選ぶときの考え方をお伝えします。まずは、色。

シンプルな考え方は、「今日のシチュエーションに必要なのは情熱なのか、それとも冷静さなのか」です。

情熱といえば、赤です。赤なんて派手だから持っていない、という声もよく聞きますが、**必ず赤いネクタイは持っておいたほうがいいでしょう。**「情熱」が必要のないビジネスなんてありません。

生徒さんの持っているネクタイを見ると、

青

ネクタイ
右：フェアファクス
左フランコスパダ

結構な人数の人が「似たような色と柄」のネクタイばかり持っています。40ページの6つのバリエーションがあれば、印象は自由自在ですので、持っておくことをおすすめします。

また、同じ赤でも、えんじ色などの暗い色が混じってくるものは、情熱の中に落ち着きも含まれます。ぜひ、色の効果を楽しんでください。

一方、冷静さで象徴的なのは青です。青系統の色は、落ち着きや穏やかさを示します。

青でも、水色に近くなってくると、明るいイメージをつくり出すことができます。冷静だけれど、明るさも出したい、というときは、水色を活用するのもいいでしょう。

18

マトリックス

# 柄は、信頼感か、革新かで選ぶ

ここでは、柄について説明します。柄はいくつかありますが、代表的なのが、この本の中にたくさん出てくるストライプ、小紋、ピンドットなどです。

**小紋、ピンドットなどの小さな柄は、「正統派」の雰囲気があるので、相手に落ち着きや、信頼感を与えます。**

**反対に、ストライプは革新的で、若々しさのイメージです。**

上の写真のネクタイのように、小紋柄が大きくなれば、動きが出ます。また、右端のよ

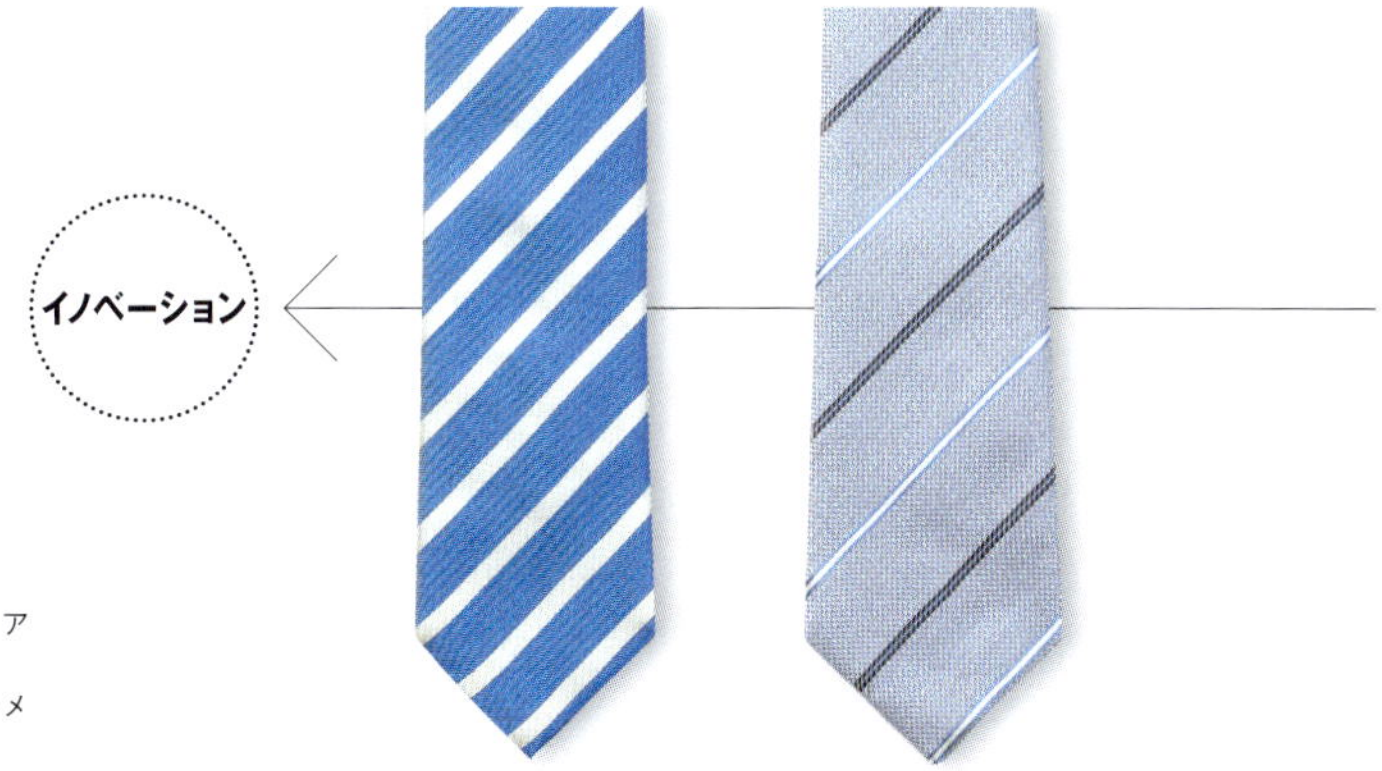


**ネクタイ**
いちばん右：フェアファクス
その他：イセタンメンズ

うな小さな小紋は上品です。

ストライプでは、幅が大きく、コントラストが強くなるほど、印象が強くなります。派手なもの、たとえばペイズリーの柄などは、ビジネスの場では難しいです。柄が主張しすぎてしまうからです。

また、キャラクターや、動物の絵が小さく入った柄などもありますが、これらはおすすめしません。ふざけているように見えてしまいます。

19

消耗品

# ネクタイだけは少しでも汚れたらすぐ捨てる

ネクタイは消耗品です。結んで使うものですから、どうしてもよれたり、糸が出たり、焼けたりすることがあります。**ですので、まず、5年以上使用すべきではないこと、ましてや一生ものはない、ということを覚えておきましょう。**

さきほども言いましたが、ネクタイは顔の近くにつけたり、動きのあるものなので、想像以上に存在感を持ちます。

パッと見たとき、真っ先に目に入ってくるので、顔と同じくらいの印象をつくります。

だから、本人が思っている以上にネクタイの汚れは目立ちます。特に、結び目の部分が黒ずんでしまっていることはよくありますので、汚れを感じたら、使わないようにしましょう。

また、よくあるのがシミです。何かを食べたときのシミも、相手からとてもよく見えます。本人は上から見ているだけですが、相手は真正面からネクタイを見ているからです。

それ以外にも、ケバだってしまったり、風合いが変わってしまったりしたものも、もったいないですが、「消耗品」だと思って捨ててください。

特にお気に入りのネクタイほど、使用頻度が高くなって、汚れてしまうものです。デザインも、すぐ売り場からなくなってしまうので、気に入ったら2本買っておくことをおすすめします。

色やデザインの流行もありますから、長くて5年がひとつの目安です。

私がお客様におすすめするのは、毎年、年末になるとすべてのネクタイをチェックすること。3分の1ほどを入れ替えるといいと思います。

これまでご紹介してきたとおり、ネクタイはスーツと違って、多くの色、柄を持てば持つほどさまざまな印象が出せます。損はしませんので、ぜひ、たくさんのネクタイを楽しんでください。

01
column

Kawaii!

# 女性の「カワイイ！」は信じない

キャラクター柄のネクタイはおすすめしない、と書きましたが、男性にその話をすると、「キャラクターのネクタイをしていたら、職場の女性からカワイイと言ってもらった」という声が返ってくることがあります。ただ、これをそのまま真に受けてはいけません。

たしかに、そのキャラクターはかわいいから褒めたのでしょう。嘘は言っていません。しかし、「スーツをパリッと着こなす人」と「キャラクターのネクタイをしている人」とではどちらが素敵かというと、残念ながら前者のほうに軍配があがります。

さきほども書きましたが、「違和感」を持たれることを最も避けなければいけないのです。冷静に判断してください。

20

ウィンザーノット

# 結び目がきれいに見える「ウインザーノット」をマスターしよう

ほとんどの方のネクタイの結び方は、「プレーンノット」と呼ばれるものだと思います。初めてネクタイをするときに父親に教わった、という人が多い結び方です。簡単で、結び目が固く小さくなるのがプレーンノットの魅力ですが、プレーンノットは、基本的に結び目が曲がりやすい結び方です。よく言えば若々しい印象を与えますが、新人っぽい雰囲気になってしまいます。そこでぜひ、トライしてみてほしいのが、「ウインザーノット」です。**典型的な英国調スタイルの結び方で、結び目がふっくらと大きめに仕上がり、ワイシャツの襟元の真ん中にきれいに収まります。**

左右対称になるので、見ているほうも落ち着きます。

テレビで政治家や経営者などを見ていると、プレーンノットかウインザーノットかは一目瞭然。ウインザーノットは、重厚感があって、きれいな印象になります。

## START

写真はすべて逆にしてあります。鏡だと思ってください。

まず、ぐるっと襟もとにネクタイを回して、幅が狭いほうの端（小剣）を30センチくらいにとります（プレーンノットに比べると、かなり短め）。大剣が上です。

01

02

そこで、大剣を、輪の内側から外へ出します。その後、大剣を左に持っていきます。

03

外側に出た大剣を結び目の下から右側に持っていきます。このとき、「右側」に引っ張るのがポイントです。そのまま引っ張りながら輪の外から内側に入れ、右側に持っていきます。

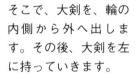

**04**

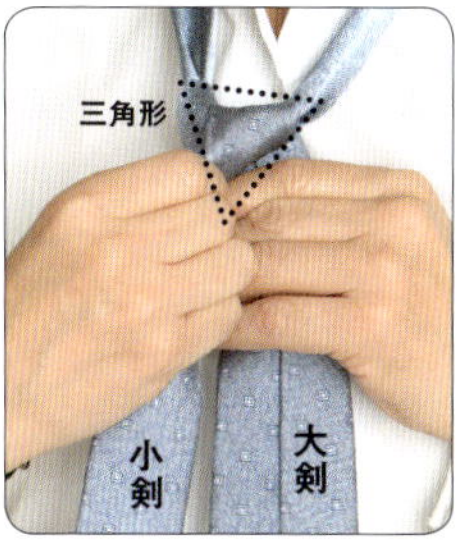


すると「三角形」ができます。ここで、結び目を手にとって、ギュッと「三角形」を締めます。

**05**

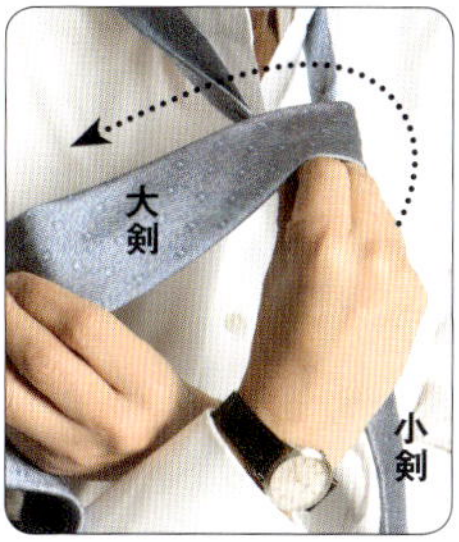


今度は、外に向いた大剣を右から左へ、三角形の上にかぶせます。

**06**

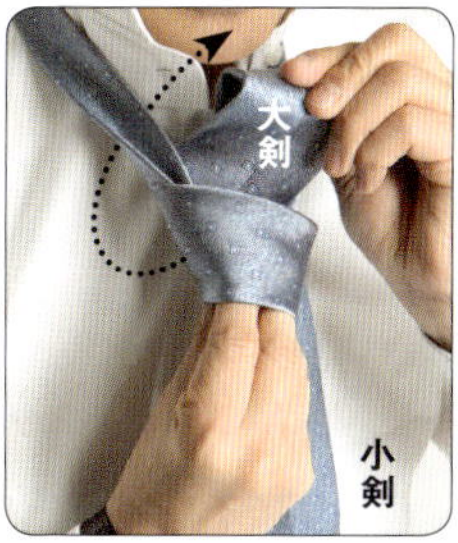


さらに、大剣を輪の内から外側に通します。

**07**

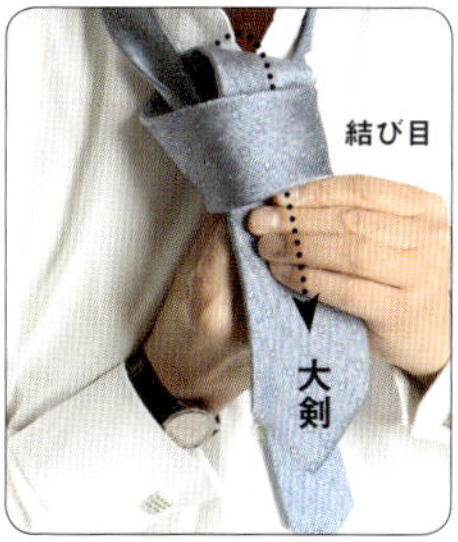


結び目の中に大剣を通します。

結び目の下の部分をしっかりおさえ、結び目を整えます。

08

このとき、大剣の中央に人差し指を入れながら整えると、真ん中にきれいなエクボができます。

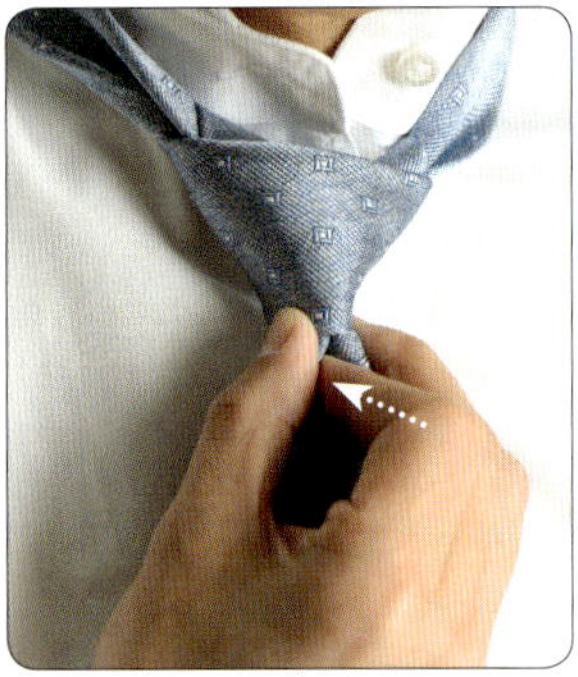

09

結び目の下の部分をおさえて、上にずらして締めていきます。

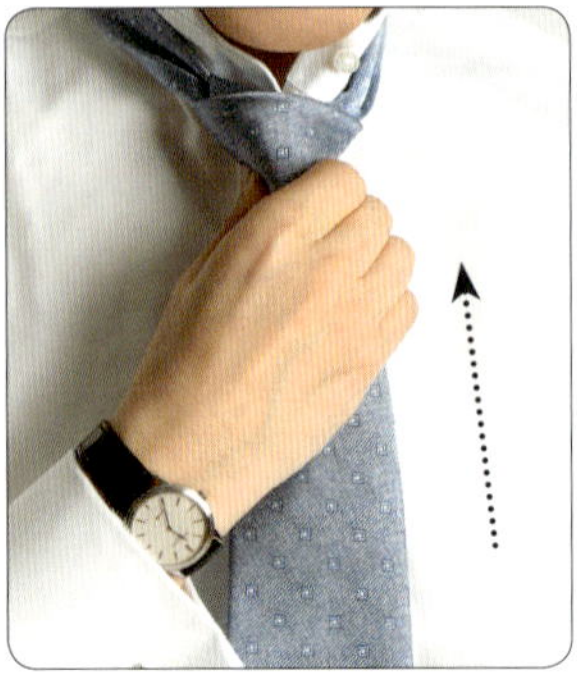

10

**11**

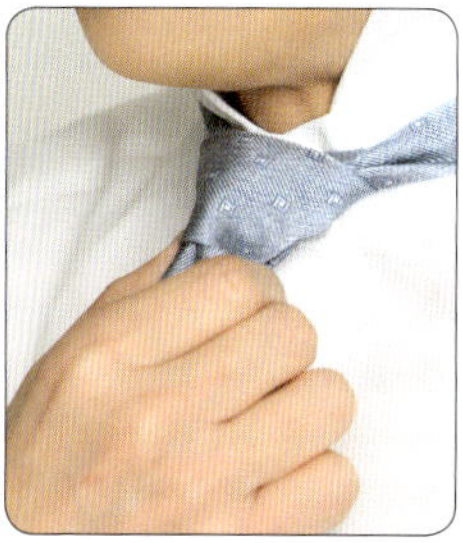

プレーンノットに比べると、滑りが重いので要注意です。静かに持ち上げて締め上げます。

**12**

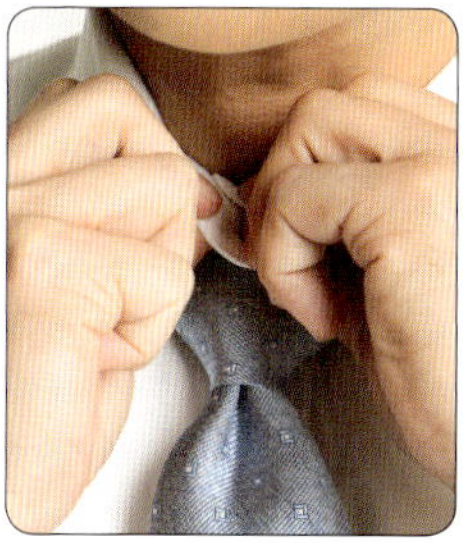

完全に締める前に、シャツのボタンを合わせてから、ギュッと持ち上げしっかり締めます。

**13**

## Windsor knot
## 完成

ちなみに、この本で締められているネクタイは、すべてウインザーノットです。

エクボはお好みでつくらなくてもOK（**9**で指を入れなければエクボはできません）。

02

column

Grooming

# おしゃれの前に「身だしなみ」が大事

装いはきちんとしているのに、どうにも好印象にならない。そんなケースがあります。原因のひとつとしてあげられるのが「身だしなみ」です。

どんなにきちんとしていたとしても、身だしなみがだらしなければ、台なしになってしまいます。見だしなみの基本は清潔感。気をつけるポイントは、まず髪です。髪がボサボサになってないか、スーツの肩の部分にフケが落ちていないか、気を配ってください。

その次は顔。特に脂です。気になる人は、こまめに拭くことをおすすめします。

首回りも気をつけましょう。ネクタイの上にある首の部分は、多くの人の目が向かうところです。**ぜひ、お風呂あがりに顔と一緒にクリームを塗ることをおすすめします**。薬局に売っているメンズ向けのものでいいのです。カサカサしなくなったり、逆にニキビなども減るので、お風呂あがりのクリームは肌に清潔感が出ます。放ったらかしだと、必ず荒れてしまいます。

最も気をつけなければいけないのが、体臭です。自分の体臭をきちんと知っておき、もし強ければ、きちんとシャワーを浴びて、清潔な服に着替えて出ましょう。これだけで違います。

汗かきの人も気をつけましょう。汗臭いイメージを与えてしまったら、致命傷になってしまいかねません。汗をかく季節には、専用のウェットティッシュでこまめに汗を拭き取るなどしましょう。

中年を過ぎてからは、加齢臭を気にする人も増えます。耳の後ろをお風呂できれいに洗うだけでもずいぶん違います。臭いについては、自分ではわからないこともありますから、身内や友達などの忌憚のない意見を参考にしてください。普通はだれも教えてくれないので、貴重な意見です。

加齢臭対策では、香水もいいでしょう。歳をとってきたら、男性にもおすすめします。これについては、第5章でご紹介します。

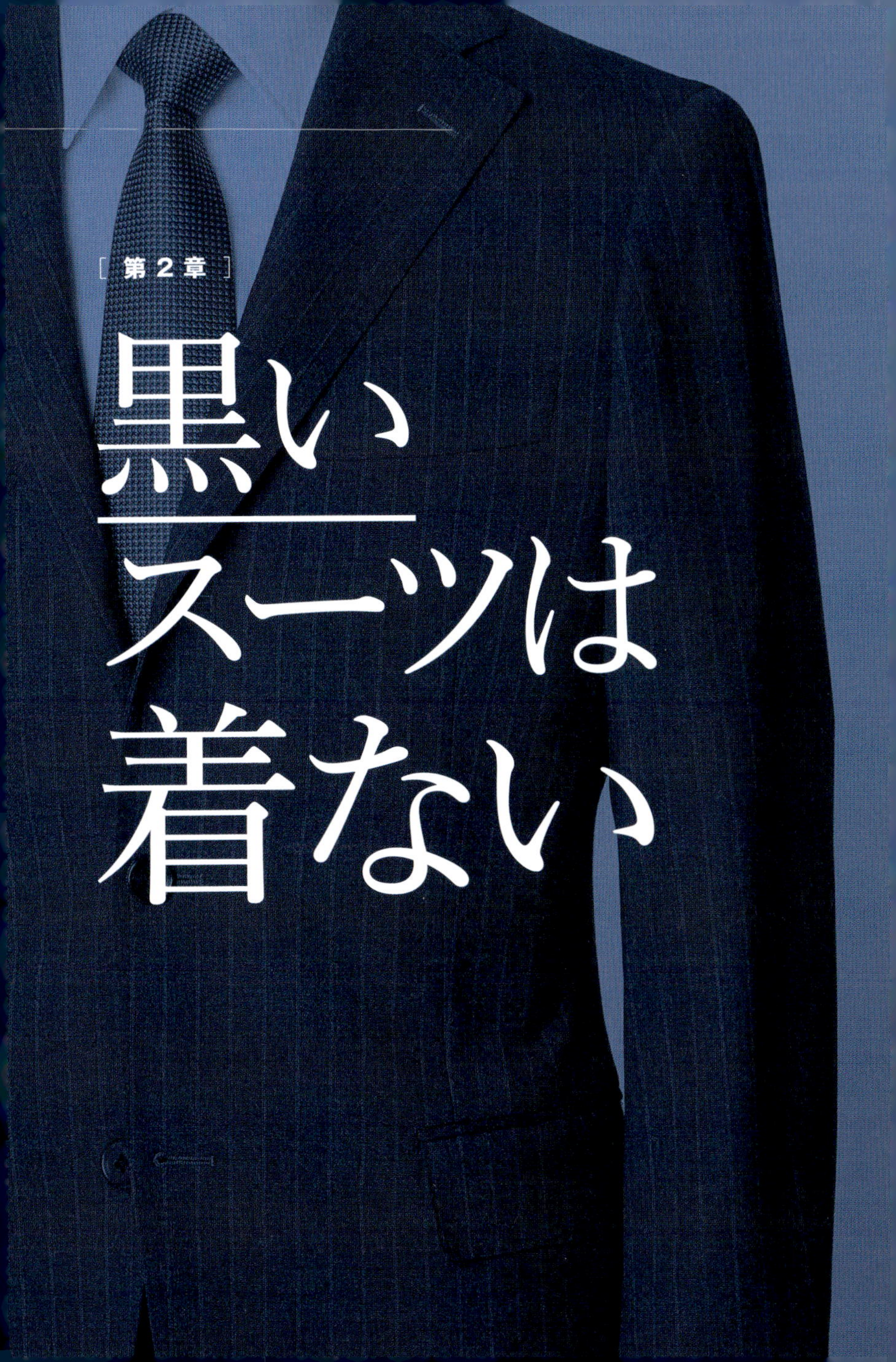

［第２章］

# 黒い スーツは 着ない

01

スーツ

# スーツは、紺かグレーだけ

スーツ、シャツ：イセタンメンズ
ネクタイ：フランコスパダ
シャツ：イセタンメンズ

まず、スーツは紺かグレーにしましょう。スーツで選ぶべき色はこの2色です。茶色やツイードのスーツもありますが、茶色はビジネスにはふさわしくない色で、ダサく、老けて見えます。また、ツイードは、貴族が別荘や郊外に遊びに行ったオフのときに着たもの。両方とも都会的、スタイリッシュな印象が薄くなります。

オフでお洒落をしたい人、こだわりたい人がチャレンジするのはいいと思いますが、ビジネスシーンでは考えないほうがいいでしょう。

また、スーツのボタンは2つボタンのものにしましょう。

他に3つボタンなどもありますが、少し古くさい印象になります。最近の、体にフィットしたダブルも、派手な印象で職業を選んでしまいます。その点、**2つボタンは、スマートで清潔感がある文句のつけようがない装いです。**

また、よく言われるのが、スーツのシルエット。一昔前まではブリティッシュ、イタリアン、アメリカンと大きく3つのシルエットがあると言われていましたが、これは、特に意識しなくても大丈夫です。ほとんどのスーツがイタリアンテイストになってきているからです。アメリカのブランドだから、イギリスのブランドだから、という特徴的な違いは薄まりつつあります。

02

ストライプ

# スーツの柄はストライプだけ

スーツ、シャツ：イセタンメンズ
ネクタイ：フランコスパダ

NG.2

NG.1

ビジネススーツで許される柄は、ひとつだけです。それが、ストライプです。**スーツは基本は無地がベスト**。でも、もうひとつ持ちたかったら、ストライプもOKです。

ストライプのものを選ぶときは、線の幅と濃さに気をつけましょう。

ベストなのは、ストライプの幅が1センチ程度のもの。濃さは、写真のような少し薄いくらいものがいいでしょう。

NG.1のような、幅が太いものや濃いもの、または濃い色のついたもの、NG.2のような細いものや薄いものはやめておきましょう。スーツを変なストライプにしてしまうと、とても目立ってしまいます。

太めの濃いストライプは、力強さと自己主張が強すぎ、派手です。また、細くて薄いストライプは、控えめで大人しすぎてしまいます。

特に、小柄な人が太いストライプにしてしまうと、より小柄に見えます。また、細い体型の人の細いストライプは、より華奢《きゃしゃ》に見せてしまうことが多いので要注意です。

03

# 袖と首からシャツが少し見えると清潔感が違う

NG

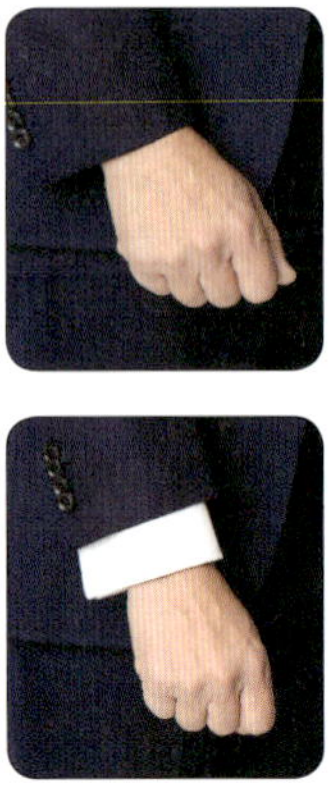

OK!

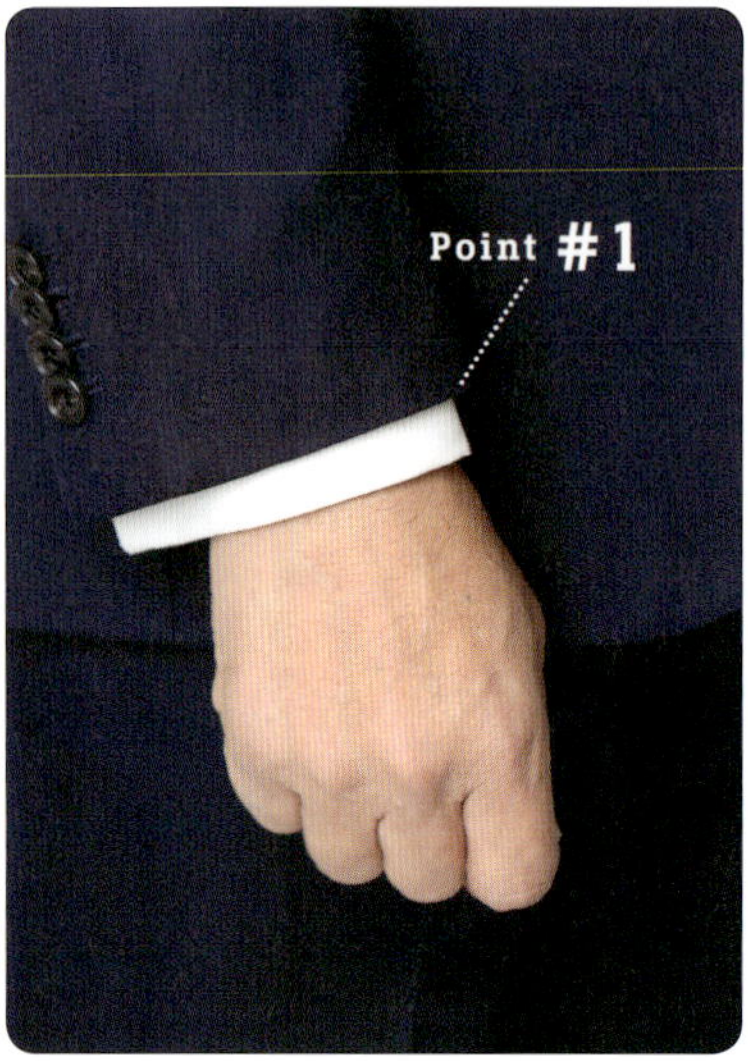


隙間なくネクタイを締めると簡単に「洗練」感が出ると言いましたが、スーツにも守りたい基本のルールがあります。ポイントは4つです。

まずは、上の写真のように、袖から見えるシャツ。白いシャツがちらりと見えるだけで、清潔感が大きくアップします。

**1・5センチほどワイシャツの袖が見えるのが正解です。**

NG例の上のように、スーツの袖丈が長すぎると、田舎っぽい感じがしてしまいます。逆に袖丈が短かすぎるのもホストのようです。

NG

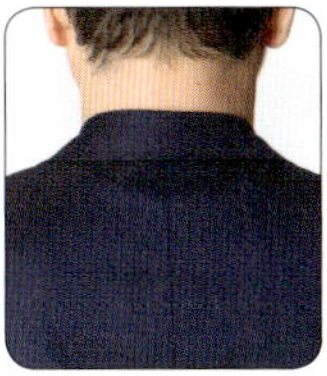

OK!

次のポイントは首の後ろです。自分では目が届かないところですが、**ここも目につくポイントです。首から1・5センチほどシャツが出ているのが理想です。**

NG例のように、シャツが見えすぎるのも野暮ったく見えます。反対に、白いシャツ部分がまったく見えないと、清潔感が感じられません。

こうなる原因は、ワイシャツのサイズが大きすぎたり、シャツのカラーの高さが浅いものを下に着てしまっていることです。サイズについては次の章で詳しく触れます。

スーツの後ろ姿は正面から見えない箇所ですが、鏡で後ろ姿も忘れずにチェックしましょう。

04

# パンツの裾は、「ワンクッション」が脚を長く見せる

OK!

NG

**3つ目のポイントは、パンツの裾です。靴のかかとに裾が少しだけかかるくらいがベストです。**これだと、靴の上側でワンクッションして、足がすらりときれいに見えます。ワンクッションとは、写真のようにパンツの裾がひとつへこむこと。しかし、パンツが細身の場合は裾がダボつくのでハーフクッションにしましょう。最近はノークッションの細身パンツも多いですが、軽いイメージになってしまうのでビジネスでは避けましょう。

# 05

# 着丈はおしりが少し隠れるか隠れないかがベスト

ポイントの4つ目は、スーツの着丈。**写真のように、後ろからみて、おしりの5分の4ほど隠れるのがベスト。**写真のようにおしりが少し隠れるか、隠れないかくらいと思ってください。

これより長いとすっきり見えず、また足が短く見えます。

また、最近では、おしりが見えるくらいの着丈の短いスーツもよく見かけますが、これも軽率な印象になってしまうので、流行りものだと思ってオフなどで着ることをおすすめします。

06

紺のスーツ

# ビジネスで無敵なのは紺のスーツ

うすい紺色も
着こなせば
かっこいいい！

右上　**スーツ**：イセタンメンズ、**ネクタイ**：フェアファクス
右下　**スーツ**：ニューヨーカークラシック、**ネクタイ**：私物（ルイジボレリ）
左　**スーツ**：チェルッティ 1881、**ネクタイ**：イセタンメンズ

スーツは、紺かグレーかどちらかだと言いましたが、まず着るべきなのは「紺」です。**グレーよりもフォーマル感があり、知的さ、さわやかさ、勢いを感じさせます。**プレゼンテーションがある、何かをアピールしたい、といったときは紺が無敵です。要するに、仕事のあらゆるシーンで好印象をつくるのが紺のスーツです。毎日のスーツは紺色に設定しておけば間違いありません。

紺色にもいろいろなカラーバリエーションがあります。濃いものから明るい紺色までさまざまです。ここにしばりはありませんので、自分の好きな色を楽しんでください。

ただ、写真のような薄い色の紺色のスーツは、とてもおしゃれに見えます。しかし、フォーマル度は少しうすれるので、場所を選んで着てください。色がうすいので夏向きです。

スーツは年収の１００分の１くらいを目安にしましょう。やはり、高いものは質感がよく、美しい生地を使っています。

余談ですが、結婚式に呼ばれて、礼服の黒いスーツがない場合は、濃紺のダークスーツに、ネクタイを華やかな明るいシルバーなどにするといいでしょう。

07

グレーのスーツ

# やさしさ、協調性を強調したいときに着るといいグレー

上　**スーツ**：チェルッティ1881、**ネクタイ**：私物（ロベルトピアジーニ）
下　**スーツ**：イセタンメンズ、**ネクタイ**：フランコスパダ

一方、グレーのスーツは、ちょっとやさしいイメージを出すことができます。また、紺に比べると、少しカジュアルな雰囲気になります。**ですから基本は紺にしておいて、親しみやすさを出したい、相手との距離を縮めたい、などというシーンでは、グレーを着るのがおすすめです。**

部下との面談があるときは、グレーのスーツにピンク色のネクタイ、というのは、よくおすすめするスタイリングです。部下もリラックスして面談にのぞむことができ、いい話し合いができるでしょう。

また、たとえば営業で、担当者と親しくなってきて、より上に信頼のステージを変えていきたい、というときには、グレーのスーツの力を借りるのも有効です。

チームワークを強化したい場合や、リーダーが別にいて、サブ的な存在として支える役割に徹したいというときにもグレーのスーツは効果があります。組織内の自身の立場によって、その日のスーツの色を決めるのも、とても大切なことです。

一口にグレーといっても、色の違いがありますが、濃いチャコールのほうが紺にや や近く、強い印象になります。色が薄くなるほどやさしさ、カジュアルさが強くなります。

08

クールビズ

# クールビズは、セパレートのジャケットとパンツで

**ジャケット、パンツ**：デ ペトリロ、**シャツ**：フイナモレ、**靴**：クロケット＆ジョーンズ、**チーフ**：ムンガイ

**ジャケット**：ティージャケット、**パンツ**：PT01、**シャツ**：イセタンメンズ、**靴**：カンパニーレ

**ジャケット**：カルーゾ、**パンツ**：ザネッラ、**シャツ、靴**：イセタンメンズ、**チーフ**：フェアファクス

**ジャケット**：タリアトーレ、**パンツ**：PT01、**シャツ、靴**：イセタンメンズ、**チーフ**：ムンガイ

## スーツのネクタイを外しても
## クールビズにはならない

クールビズで言いたいことがひとつあります。それは、スーツのネクタイを外せばクールビズになるわけではない、ということ。

本来、スーツとは、ネクタイを含めてスーツです。ルール的に、普段の仕事で着ているスーツのネクタイは外してはいけません。では、クールビズではどうすればいいのかというと、ジャケットとパンツを別々のものにしましょう。それぞれ単体で売られているものを組み合わせて着てください。クールビズ用のスーツならＯＫです。

また、このクールビズのコーディネートは、ビジネスカジュアルでも使えます。たとえば、休日に上司の家に招待されたときや接待ゴルフの後に、まるっきりのカジュアルウェアで行くのは、抵抗感があるでしょう。かといって、休日にスーツを着ていく、というのもどうかというときなどに使えます。

まずは、１００ページの右の紺ジャケットと白パンツの組み合わせ。ジャージ素材の柔らかな紺ジャケットに白のコットンパンツは夏の定番の紺×白の組み合わせです。マリンを連想させて夏らしいコーディネートになります。ここでのポイントは**中のシャツを紺にして、ジャケットの紺と同じ色にしているところ**。この組み合わせはとてもスマートで素敵ですので、ぜひ覚えておいてください。パンツを白ではなくグレーなどにしても素敵ですね。

次の白と青のストライプのコーディネートは、軽いサッカー生地でとても涼しげです。夏のとても暑い日などに着るとおしゃれでしょう。シャツは白の麻100パーセントのもので、とても涼しい印象です。郊外、リゾート地での会議、ミーティングなどにぴったりです。**夏は麻の涼しい生地感もおしゃれのひとつです。**

3番目の紺のジャケット×グレーパンツは4つのコーディネートの中で、最もオーソドックスです。**紺×グレーという王道の組み合わせに、白シャツというどんな年齢層にも好感がもたれるコーディネートです。**

最後のライトベージュはこの4つの中でいちばん上級編。優しさも感じさせ、かつ軽やかな印象となります。中の白青ストライプのシャツが爽やかさを加えています。柔らかな色合いなので、上司などのお宅に呼ばれたときなどで、奥さまの印象もとてもいいでしょう。

09

ポケットチーフ

# ポケットチーフはクールビズで使える

ビジネスシーンでのポケットチーフは、相手と場所、状況によってするかしないかを判断するようにお伝えしています。ポケットチーフをしているだけで、スカした奴など、あまりいい印象を持たない人も、少なからずいるからです。

しかし、晴れの場でのおしゃれ度は抜群。パーティや受賞されるとき、あるいは大きな会場でのスピーチをするときなど、ポケットチーフを胸に挿しているだけで、一気に華やいだ雰囲気になります。その場にいる方々に心地良い時間を過ごしてもらえます。

あともうひとつ、特におすすめしたいシーンがあります。それが、クールビズ。ネクタイをしないクールビズ中に大切な人に会うときは抜群に素敵です。実際にある経営者がしていたのですが、普段はしないポケットチーフを、大切なお客さまに会う場合にしていました。**ノーネクタイの日にはポケットチーフがアクセントとなり、とても素敵な装いになります。**

10

黒いスーツ

# 黒いスーツは着ない

学生の就職活動のスーツが黒になったのは、10年ほど前だったと記憶しています。そのあたりから、黒いスーツを着る日本人のビジネスパーソンがとても増えた印象があります。

ただ、ひとつ知っておいていただきたいのは、欧米では黒いスーツを着ることはまずない、ということです。政治の世界でももちろん着ません。アメリカの大統領や日本の総理大臣が、黒いスーツを着ているのを見たことがないでしょう。

理由はシンプルで、黒い服は冠婚葬祭のためだから。タキシードしかり、喪服しかり。特に海外に行くときには、紺やグレーのスーツを持っていってください。

**黒いスーツを着ている人は多いですが、間違いです。**黒いスーツを着ている人が多いからといって自分も購入する必要はありません。自分の知識を大切にしてください。

11

ポケットチーフ

# ポケットチーフの折り方は3つ

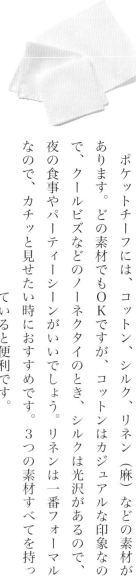

ポケットチーフには、コットン、シルク、リネン（麻）などの素材があります。どの素材でもOKですが、コットンはカジュアルな印象なので、クールビズなどのノーネクタイのとき、シルクは光沢があるので、夜の食事やパーティーシーンがいいでしょう。リネンは一番フォーマルなので、カチッと見せたい時におすすめです。3つの素材すべてを持っていると便利です。

代表的な、3つの折り方をご紹介します。

**〈TVフォールド〉**（最もビジネス向き。昼も夜もOK）

まず、ふたつ折りに2回たたんで、4分の1の四角をつくります。それをさらにポケットのサイズに合わせて折ります。だいたい、半分より少し大きいくらいです。その後、ポケットの

［ TVフォールド ］

［ スリーピークス ］

［ パフスタイル ］

**ポケットチーフ**
すべて：フェアファクス

深さに合わせて下を折り、縦幅を決めます。ポケットから出る部分が、1〜1・5センチほどになるようにしましょう。

**〈パフスタイル〉**（カジュアルな夜の会食など向き）

チーフの真ん中をつまみます。そのままふわっとさせたままポケットにさして、写真のように形を整えるだけ。折り目が正面から見えないようにすると、きれいに見えます。

**〈スリーピークス〉**（華やかなフォーマルパーティ向き）

まず、チーフが三角になるように半分にたたみます。さらに半分の三角にしますが、このとき少しずらしてピークをふたつにします。さらにもう一度たたむときに少しずらして3つのピークをつくります。その後、下の部分をたたんで、ポケットの深さに合わせます。

12

オーダスーツ

# オーダースーツは、疲れない

よくやりがちなのが、オーバーサイズのスーツを着てしまうこと。どうしても、大きいサイズを選んでしまう人が多いです。

これは、きついことや、締めつけられるのが嫌、ということだと思います。こういう方に声を大にしておすすめしたいのが、オーダースーツ。

オーダースーツの魅力は、着心地が抜群なことです。

実はサイズが合っているもののほうが、きつかったり、締めつけられたり感じることはありません。サイズが合うスーツは、「着ている感じがしない」ともよく言われます。特に袖ぐりのおさまりがよくなり、まったく疲れなくなった、と話す人も少なくありません。ぜひ、検討してみてほしいと思います。

オーダースーツの特色は、まずは見た目がいいこと。ジャストフィットしているスーツを着てみるとわかるのですが、そうでない人と比べると、各段に背が高く、男らしく、清潔感も違って見えます。

反対に、オーバーサイズを選んでしまったときにいちばん気になるのは、見頃のダブつきです。体が泳いでしまうようなものは貧相に見えます。

もうひとつ気になるのが、パンツの幅。太ももからおしりにかけてダボダボになっていると、愚鈍な印象になってしまいます。

**スーツは、価格以上に重要なのが、サイズ感です。**いいスーツ、高価なスーツでも、サイズが合っていないと意味がありません。反対に、安いものでも、サイズが合っていればそれだけで格が上に見えます。

オーダーメイドで自分の身体のサイズをしっかり測ってもらってできたスーツは、自分を最高に見せます。

オーダースーツは高い、というイメージをお持ちの方も多いようですが、既製服とそれほど変わらない価格でつくれるところもあります。また、既製服をベースにしたセミオーダーでも、サイズが合うのでずいぶんと印象は違いますよ。

13

ステテコ

# 夏場はステテコを履くと汗じみができない

ステテコ
左：クールマジック 中・左：シーク

夏場に、椅子と密着する太ももからおしりにかけての部分に汗をかき、不快な思いをした、という人は決して少なくないのではないでしょうか。

不快のみならず、汗じみになったりしてしまったら、清潔感も損ないます。また、密着して汗をかいてしまうことで、スーツも傷みやすくなります。

そこでぜひ、活用してほしいのが、ステテコです。

昔は、白いステテコを年配者がはいているイメージがありましたが、今は色や柄もお洒落なステテコがたくさん出てきています。

吸汗、消臭、抗菌、涼感、滑り止め効果などがうたわれているステテコはたくさんありますので、ぜひ使用してください。スーツを素肌で着るよりも、涼しく感じられるくらいです。

写真のように丈や色はさまざまです。自分の好きなものをチョイスしてください。

**座ったときに、ズボンの裾から見えなければ、丈は何でも大丈夫です。**寒い冬は、反対にズボンの下に保温機能のあるものを履いてもいいですね。

14

コート

# 春秋のコートは、ステンカラーかトレンチコート

**コート**：アクアスキュータム

よく聞かれるのが、まだ肌寒い春や秋に、スーツの上に何を羽織ればいいかということです。

私がおすすめするこの時期の薄手のものは、ステンカラーコートかトレンチコート。ステンカラーコートとは、写真のように衿の後ろが立ち上がっているコートです。このコートは衿を開けても閉じても着やすいという特徴があります。

色は、写真のようなベージュが断然おすすめです。ベージュですと、春、秋のどちらの季節でも着られるからです。**黒はどうしてもずっしりと重い印象になりますので、春には着られませんし、ベージュのほうが軽さが出て、おしゃれに見えます。**また、スーツの紺やグレーにもよく合います。

トレンチコートは、伝統的なものなので、かたく、重い雰囲気が出ます。ステンカラーコートのほうが、爽やかでフットワークが軽そうなので、基本はステンカラーを持つのがいいかもしれません。ただ、トレンチコートも素敵ですので、ステンカラーになれたら、次はぜひトライしてみてください。

両方のコートとも、膝上くらいの丈がどんなスーツにも合います。

15

冬のコート

# 冬のコートは紺のウール

コート：私物（オーダーメイド）

冬にスーツの上に着るべきコートは、ウールのコートです。

冬のコートの色は紺色、グレー、ベージュの３つの中から選びましょう。その中でもおすすめは、紺。**どんなスーツにも合わせやすく、大人の男性が身に着けると、とても知的でスマートに見える色です。**また、黒は重く感じるので、黒いコートにすると、ずっしりとあか抜けない印象になってしまうので気をつけましょう。

ポイントは、コートだからとワンサイズ上のものを買ってしまわないこと。ちょっと窮屈でも、サイズが合っているほうが軽く感じるのはコートも同じです。特に、コートでの大きいサイズは、着られている感がしてみじめに見えてしまいます。

カシミアのコートもおすすめです。カシミアのいいところは、軽くて暖かいことです。確かにいいお値段がしてしまいますが、ブラッシングをしてきちんと手入れをすれば、長く着ることができます。

真冬に、スーツの上にダウンやポリエステル系のコートを着ている人も見かけますが、これは残念ながら正しいビジネスのコートとはいえないことを覚えておいてください。絶対に失敗できない仕事のシーンなどでは、ウールのコートを心がけましょう。

16

お手入れ

# スーツのクリーニングはシーズンに1回で

スーツはどのくらいの頻度でクリーニングに出せばいいでしょうか？

使用頻度にもよりますが、週一回程度着ているくらいであれば、シーズンに一回のクリーニングで大丈夫です。

というのも、クリーニングに出すと、どうしてもスーツの生地が傷んでしまうからです。あまり頻繁には出さないほうがいいでしょう。

そのかわり、きちんと日々のお手入れをすることをおすすめします。といっても、そんなに面倒なことはありません。外から戻ったら、ブラッシングをするだけです。

ブラシは、豚毛か馬毛のものがいいでしょう。馬毛のほうが柔らかくておすすめです。ホコリをきれいに落とし、生地を整える効果があります。

上から下へ、繊維にそってさっとかけましょう。肩、前身頃、後ろ身頃、袖の順です。パンツも上から下にかけましょう。習慣にするとそんなに面倒ではありません。

毎日きれいに着られ、スーツも長持ちします。

**ハンガーは太めのものにかけると型崩れしません。**太くて丸いものがおすすめで、スーツを買ったときについてくるようなものがベストです。クリーニングから戻ってきたときの、細いハンガーでは、肩などに跡が残ってしまうこともありますので使わないようにしましょう。おすすめのブランドにNAKATA HANGERなどがあります。

理想なのは、数日、寝かせてからまた着ることです。そのためにも、複数枚スーツがあるといいですね。着まわす期間をあけることで、スーツの傷みも防げます。

17

ボタンと姿勢

# 座ったときにスーツのボタンは外す

スーツのボタンは、2つボタンの場合第1ボタンだけをとめるのが正しい着用の仕方です。お客さまのもとを訪問したとき、ここのボタンをとめていないのは、失礼にあたりますので、必ずとめることを覚えておきましょう。

しかし、ソファなどに着席するときには、ボタンは外しましょう。それがルールです。

その後、終わって立ち上がったときには、片手で素早く第1ボタンをとめます。さりげなくできる人程スマートだとされます。**「お客さまの前に立っている」ときには、ボタンをとめるのが原則です。**

ボタンをとめっぱなしでは、夏など暑苦しい、ということであれば、本当は間違いですが、外にいるときは外していてもいいと思います。しかし、お客さまを訪問したときには、しっかり第1ボタンはとめましょう。

18

捨てどき

# スーツは袖がすり切れてきたら捨てる

スーツは、袖の部分がすり切れてきたら、捨てどきです。特に袖口の先端の部分がすり切れたり、つぶれたりしてしまっているものはもはや限界です。小さな部分ですが、袖口のすり切れは意外に目立つもので、ずぼらな印象を与えます。こんな小さな部分で、と思えるかもしれませんが、思い切って捨ててください。

ここまでになるには3年、4年とかかっているはずです。

スーツにもやはり流行り廃りがあります。毎年、形や色が少し変わっていて、その時代に「おしゃれ」と呼ばれるデザインとなっているわけですので、何年か経つと古さが出ます。スーツは長く着られるものではありますが、10年前のスーツは、やはり10年前のスーツの雰囲気があるのです。

直しもできますが、新しいものを購入するくらいの費用がかかることもあります。

**5年を目安に、思い切って処分してください。**

03
column

Steve Jobs

# ジョブズも最初はスーツだった

装いは個性を表すもの、自分を表現できるもの……。そんなふうに考えて、自己流の装いにこだわる人がいます。

たしかに装いは個性を表し、自分を表現できるものではありますが、それはきちんと定石を押さえてからにしましょう。なぜなら、個性や表現を受け取るのは、相手だからです。

ビジネスの場では、自分のためだけに装うのではありません。相手と関係を築ける大人は、スマートに服が着られます。装いというのは、究極の人への気遣い、というのは先にも書きました。

ですので、大切になってくるのが洋服の知識です。この人はちゃんとしている、というベースがあって、そのうえで個性や表現を受けとめてもらえればベストです。

まず、定石を身に着けて、それを自己流に崩していくのが、教養ある大人の装いです。

アップルの創業者であるスティーブ・ジョブズの服装はとても有名

です。いつも同じ真っ黒なタートルネックにジーンズは、ジョブズの代名詞です。毎朝、着ていく服に悩まなくていいように、同じセーターを何枚も持っている……。

**しかし、ジョブズも、若い頃は、相手を不快にさせないように、スーツを着ていた、ということをご存じでしょうか。**あのジョブズ流ファッションに行きついたのは、ジョブズが自分の地位を確立してからです。

カリスマになったからこそ、定石を崩した自分らしいスタイルができるようになったのです。

まずは定石をしっかり押さえること。そこから歳を重ねるごとに自分流をつくっていくことを大切にしてください。

04

column

Sales professional

# お店のプロを、もっと使おう

購入するときに迷ったら、お店の販売員に聞いてみましょう。サイズひとつ、組み合わせひとつについて、プロの知識でベストなものを教えてくれます。

お店の人たちは店内にある商品について、くまなく知っています。相談が的確にできれば、あなたにとっていちばんベストなものを選んでくれます。パーソナルコーディネーターのようなものです。

「こんな仕事をしているんだけれど、どんな服にすればいいですか」「今度、内勤から外勤になったんですが」「こんな会があるので、ぴったりな商品を探している」という聞き方でもいいと思います。ぜひたくさん聞いてください。

**私がおすすめなのは、その中でも、「この店員さんの雰囲気、とてもいいな」と思う人に声をかけることです。**それは、「なりたい自分」に近い人ということだからです。カラーコーディネーションも、自分の好みでなく、選んでもらうといいでしょう。意外な自分に似合う色を見つけられるかもしれません。

［第３章］

# シャツは高価なものより、サイズの合うもののほうが価値がある

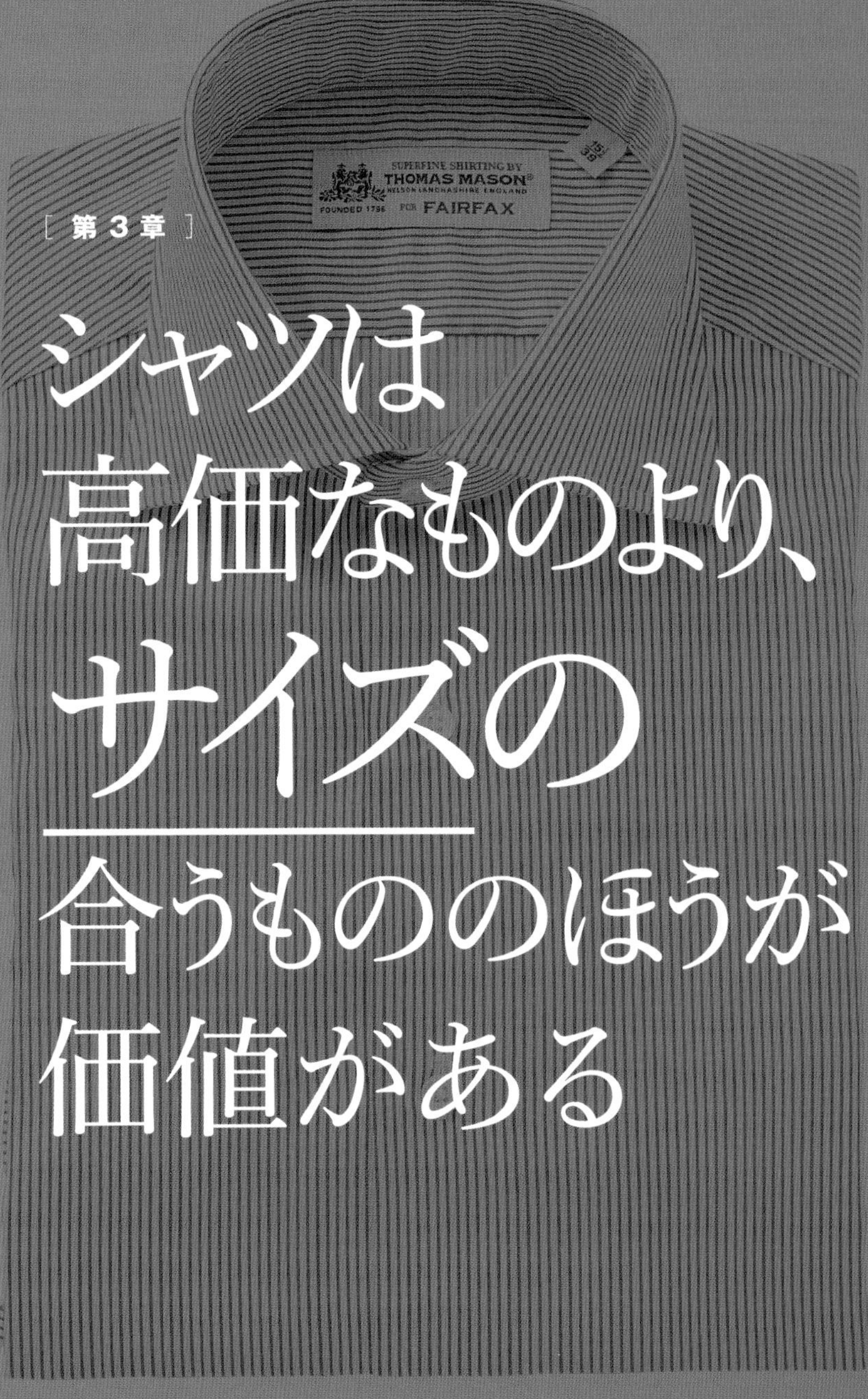

01

基本のシャツ

# シャツは真っ白が何よりも格が高い

シャツ：イセタンメンズ

この襟の先が、ジャケットの下に隠れるようにする。

## まず覚えておいてほしいのは、白いワイシャツに勝るシャツはないということです。

ワイシャツはとにかく真っ白が何よりもかっこいい。清潔感があるし、きちんとした教養があるように見せます。それに、似合わない人がいないのもいいところ。ビジネスパーソンとして映えるのは、白シャツです。

海外の政治家も日本の政治家も、シャツは白です。経営者も決まって白いシャツを着ています。映画でも、カッコイイ役の男はやっぱり白いシャツ。注意して、あちこち見てもらえたらわかってもらえると思います。

素材は綿100パーセントのものにしましょう。綿の場合、写真のようないわゆる普通の織り方であるブロード織や、光沢があり、糸の感じが出ているオックスフォード織がおすすめ。

また、シャツの上にジャケットを着たときに、剣先はジャケットに隠れるのが美しい着方です。写真のような衿の開きのものを選び、シャツの襟の先がジャケットの下におさまるものを選びましょう。

02

襟の形

# スーツから剣先が見えない セミワイドを選ぶ

[ セミワイド ]

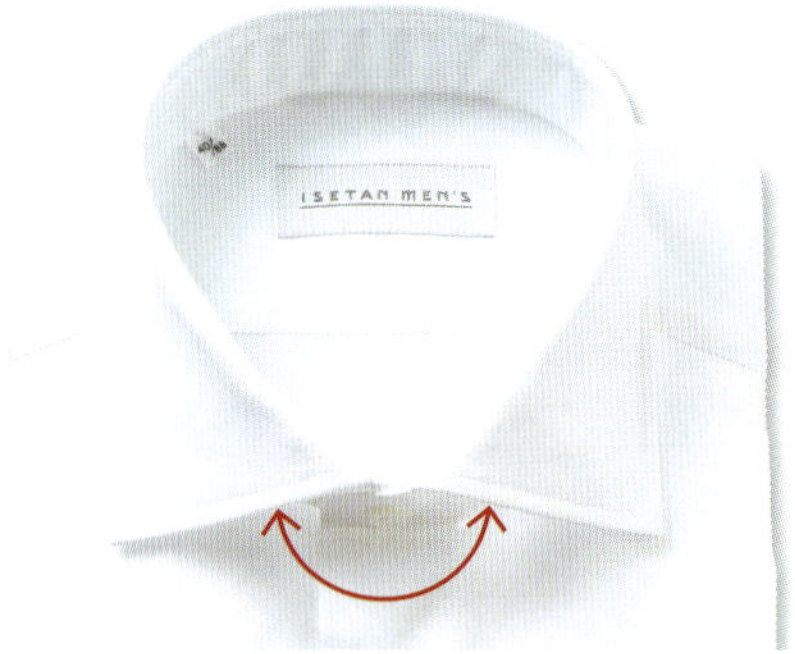


[ ワイド ]

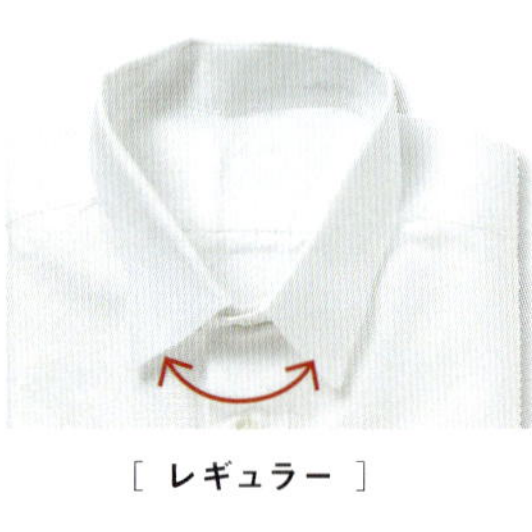

[ レギュラー ]

シャツ
上・中：イセタンメンズ

シャツの襟（カラー）には、代表的な3つの形があります。

写真の上から順に、セミワイド、ワイド、レギュラーです。

それぞれ、襟の下部分、開き具合を見てください。レギュラーがいちばん角度が狭く、ワイドになるほど、襟の先端と先端の間の角度が広くなっていきます。

シャツを選ぶときに気にしてほしいのは、襟の剣先がジャケットに隠れるものを選ぶことです。こうすると美しいです。

そして、隙間ができないシャツが写真のトップのセミワイドです。**スーツの襟とのバランスがいちばん美しく、ネクタイともうまく調和します。**

二番目のワイドもOKですが、ワイドは少し華やかな印象になるので、場所を選んで着ていきましょう。公の場ではセミワイドが間違いありません。

レギュラーも、襟の長いものだと剣先が隠れるので間違いではないですが、大体は隙間があいてしまいがちで、やはりきれいではありません。選ばないことをおすすめします。

03

ホリゾンタル

# クールビズでは、ホリゾンタルがかっこいい

NG

シャツ
上：イセタンメンズ

ホリゾンタルという襟の形を知っていますか？ このシャツはクールビズで着ると大変おしゃれに見えるので、ぜひおすすめします。

ホリゾンタルとは、着た時に襟先が水平（ホリゾンタル）に見えるのが特徴です。左右に大きく開いています。爽やかで上品です。

普通のシャツにネクタイをしないと、第1ボタンを外したときに、襟が折れてしまうことがあります。しかしこのホリゾンタルなら、もともと襟が広がっている形なので、ボタンを外してもそんな心配がありません。

夏の暑い日にボタンを外しても、ピシっとシャツは整ったままなのです。**ノーネクタイでもお洒落に見える特別なシャツです。**

最近では、サッカー選手が遠征に行くときによく着ていますね。爽やかできちんとして見えます。

ノーネクタイといえば、ボタンダウンを選択する人も多いですが、もともとボタンダウンは、イギリスでポロをする紳士が、襟が邪魔でボタンで止めてしまったところから始まったと言われています。ボタンダウンは、実はカジュアルなシャツなので、ビジネスのシャツとしてはおすすめできません。

04

ストライプシャツ

# 白シャツ以外は薄いピンクかブルーのみ

**シャツ**
右上：ハービー＆ハドソン
左上：イセタンメンズ
下：フェアファクス

白いシャツが最高ですが、毎日毎日白シャツも……という方は、薄いピンクか薄いブルーのシャツを選びましょう。

この2色なら、大きな違和感を生むことはないので、ビジネスシーンでも許されます。他の色は、残念ながら奇抜な印象を与えてしまいますので絶対にやめてください。

**また、右上の写真のような襟と袖の色だけが白のクレリックもおすすめ。**ウォール街などの金融マンやコンサルタントがよく着ていました。スマートに見せます。

よく選ばれるのがストライプですが、**写真のような青色、しかも薄いストライプにしてください。**これより濃くなったり他の色はダメです。しかしストライプ自体がラフな柄なので銀行や金融関係など、固い仕事の人はだめなことを覚えておいてください。それと同じく、伝統的な固い仕事先に行くときも気をつけましょう。

ストライプは、ネクタイをしないクールビズのときに映えるシャツでもありますので、夏に着るのをおすすめします。

05

NG のシャツ

# 暖色や強いコントラストのシャツはおすすめしない

スーツに合わせるシャツで最も選んでいけないのは、暖色のもの、あるいは強いコントラストのある色柄物です。

なぜなら、スーツよりもシャツばかりが目立ってしまうからです。

写真のような紫やオレンジなど、濃い暖色系統のシャツや、ストライプでも青の濃すぎるものなどコントラストの強いシャツは、それだけで相手をぎょっとさせてしまいかねません。

シャツ自体に問題があるということではなく、ビジネススーツに合わせることが間違いです。

**シャツは、無地の白か、薄いブルーかピンクのみ。そうすると、シャツが目立つことはありません。**

06

NG のシャツ

# ダメなシャツいろいろ

日本では、ワイシャツにポケットがついているのは、当たり前だと思われています。しかし、**ヨーロッパでは、ビジネスシャツにポケットはついていません。**

シャツは下着、というのがヨーロッパの考え方です。そもそも下着にポケットはつけませんね。

しかし、日本ではポケットのついているシャツを着ないのも難しいと思います。ですので、正式にはないものである、ということを知っておいて、ここぞというときの装いにはないものを選ぶようにしましょう。

また、クールビズで見かけることがある半袖

シャツも間違いです。そもそも、なぜワイシャツが長袖なのかというと、無駄なものは見せない、ということがマナーだからです。たとえば、毛むくじゃらの腕をビジネスの場で見たいという人はいないでしょう。ビジネスシャツは長袖です。これは必ず覚えておいてください。

上の写真のようなチェック柄やダンガリーシャツもカジュアルなので適していません。特に濃いチェック柄は幼いイメージになってしまいます。ボタンが白ではなく、色がついているものや、ボタンを色糸でとめているものなどはやめましょう。また、襟や袖の裏地にチェックなどの柄が入っているものを着ている人もいますが、安っぽい印象を与えてしまうので注意してください。

07

サイズ

# シャツのサイズは、首回りを最優先に選ぶ

シャツも、何よりもサイズが大事です。やはりサイズがぴったり合っていると、スタイルがよく男らしく見えます。**スーツと同じく、高価なものでサイズが合わないものより、安くてもサイズが合っているもののほうがいいものに見えます。**

でも、自分に合ったサイズをどう選べばいいんだろう……と思われる方も多いと思います。

シャツ選びでは、「首回り」を最優先してください。シャツもスーツと同じくワンサイズ大きいものを選びがちですが、首回りに人指し指1本分くらい入るものを選びましょう。2本入ると大きいです。

やはり、首まわりがいちばん目立ちますので、ここのサイズが合っているのがいちばんパリっとして見えます。

ここで、シャツの首回りが大きすぎると、やつれて見え、逆に小さすぎると、動き

にくく、また相手に与える印象も窮屈になってしまいます。

基本的に、首回りに合わせると、だいたい袖の長さも合います。ただ、太りすぎ、痩せすぎの人は注意してください。

ぴったりのシャツを見つけるのは、なかなかむずかしいことです。ですから、本当はシャツこそオーダーがおすすめです。

セミオーダーからでも構いません。着心地の違いに驚くはずです。

ユニクロにも、セミオーダーでシャツがつくれるサービスがあります。最初トライするのにはいいでしょう。ネットで注文できて、自分の首回りと袖の長さの両方が選べるようになっています。

05
column

Custom-Made Shirt

# シャツにこだわると上品さが違う

スーツにオーダースーツがあるように、ビジネスシャツにもオーダーシャツがあります。やはりサイズの合ったシャツは、動きやすく、疲れないのはもちろん、ビシッとして、男らしく見せます。一度試してみたら、その違いに本当に驚くはず。価格は素材によって異なりますが、お店を選べば、既製の一流ブランドのシャツと同様の素材で、それよりも安くつくれるところもあります。

実は、スーツ以上にシャツのサイズや、質は大切にしてほしいと思っています。

「いいスーツを着ていても、シャツを適当に選んでしまうと、台なしになる」とは、スーツのセオリーとしてよく言われる言葉です。

**逆に、シャツを質の良いものにするだけで、スーツは想像以上に映えます。**特に白いシャツは質感によって品格が違います。質感こそ、素材の差。特に、基本の光沢感のある白シャツは、見るからに上品さが漂います。

私は、必ずオーダーシャツでいい素材のものをおすすめするのですが、着てからの評価はとても高いです。肌に直接触れますから、自分にジャストフィットしたシャツを着る快適さ、肌ざわりが違うとよく言われます。そういった感覚は仕事にもよい影響を与えます。

また、思ったより値段が高くなかった、と言う人も少なくありません。

スーツ同様、オーダーメイドは高い、という印象があるようですが、中には、いい素材のシャツを安価に提供しているところもあります。

オーダーシャツをつくると、もうオーダーシャツしか着られない、と言う人も少なくありません。一度つくると、やめられなくなるほどの魅力です。ぜひ、違いを楽しんでください。

06

column

## Collar keeper

# 襟の裏側に入れる プラスチックの板を忘れずに

シャツを購入したとき、襟の裏側に幅1センチ弱、長さ4センチほどの薄いプラスチックの板が入っています。これ、捨てるものだと思っていませんか？

お店で販売するときに、型崩れしないように、あのプラスチックの板があると考えている人も多いのですが、そうではありません。

このプラスチックの板の名称は、カラーキーパー。**これを差すことによって、襟がいつもピンとしっかり開くようになります**。そのために使う板です。差したことのない方はぜひ使ってみてください。襟の形がきれいになって驚きますよ。

そのままクリーニングに出すと、お店が板を抜いて、伝票に貼りつけて戻してくれたりします。また、板がダメになったときには、カラーキーパーは別売りでも売られています。プラスチック板を差し入れるだけで、襟は見違えるように元気になるので、ぜひ使ってみてください。

07
column

## Wife's selection

# センスのいい男は妻に服を買わせない

**スーツの知識やセンスを上げる最高の行動は、自分で買いに行くことです。**買いに行けば行くほど、身に着いてきます。

自分で買いに行くことで、たとえばお店をじかに見たり、お店のスタッフといろいろな会話をすることになります。こうした経験を通じて、センスは磨かれていきます。

結婚している男性の中には、奥さまに洋服を買ってきてもらっている、という人も少なからずおられます。しかし、ビジネスで使う洋服は、とりわけ自分自身で選ぶことが大事です。

というのも、ビジネスの現場や仕事の状況をわかっているのは、やはり自分だからです。もし、女性の意見を聞きたいというのであれば、奥さまではなく、職場の人たちに聞くほうがいいでしょう。

自分が着る洋服に、自分で責任を持てる人は素敵です。

08
column

## Inner shirt

# インナーは
# シャツの下に絶対着る

インナーシャツ：シーク

スーツの成り立ちから、シャツは「下着」として扱われるとご説明しました。本来ルール上シャツは下着なので、その下に下着を着るのは、理屈としてはおかしい、ということになっています。実際は欧米ではシャツはじかに着る、というのが常識です。しかし、日本は高温多湿ですから、これは違っていいと思います。ぜひ肌着を着てください。汗でシャツが張りつき、肌が透けて見えたりすると、自分も相手も気になりますよね。

**基本は、深いUかVネックのインナーの下着を選びましょう。**これなら、ボタンを外しても襟もとから見えません。色はベージュだと透けにくいので、着ている感が出ません。

余談ですが、シャツは下着なので、正しいルールとしては、スーツのときは上着は脱いではいけません。取引先やパーティなどの改まった場では、脱ぐのは正しい作法ではないとされています。

シャツだけで歩いているのは、下着だけで歩いているのと同じ、というわけです。日本では、そこまで厳しい見方をする人はいませんが、ぜひ知識として覚えておいてください。

［第４章］

# スーツに紐のない革靴は絶対にダメ

01

正しい靴

# 靴は紐のついているものを選ぶ

**靴**
上：イセタンメンズ
下右：シェットランドフォックス
下左：スコッチグレイン

スーツに合わせるべき靴は種類が少ないので、マスターするのは簡単です。

**まず、色は、黒とブラウンのみ。**

そして基本的にスーツに合わせられる正しい靴は、紐のついた革靴です。形は写真のような3種類です。

いちばん上は、つま先部分に横一文字が入っている「ストレートチップ」です。もうひとつは、つま先にW型の模様のある「ウイングチップ」。ウイングチップはストレートチップよりも若干カジュアルな印象になります。また、左の小さい写真のような「モンクストラップ」という、ベルトがついているものもOKです。モンクストラップとは、その名の通り修道師が履いていた靴からきています。写真のモンクストラップはベルトがふたつですが、ひとつのものもあります。

できるなら、靴紐は、靴を履くときにキュッと締めるのが理想です。

昔、ヨーロッパでは編み上げのブーツを履いて、戦場に向かいました。それが紐靴の原点とされています。同じように真剣勝負のビジネスの場に向かう、という気持ちで、靴紐をぎゅっと締めて気持ちを高めましょう。

02

ベルトの色と
合わせる

# 靴は黒か茶色のみ

**靴**
上：イセタンメンズ
下：J.A. ラミス

まずは、先に持っておきたいのが黒の靴です。その次に持つなら、茶色の革靴もおすすめです。スーツに合わせられるのはこの2色だけです。

黒を基本の色にしましょう。どんな色のスーツでも合いますし、パリッと見えます。対して、茶色は優しい雰囲気に見えるので、2番目のアイテムにするといいでしょう。特に、グレーのスーツに茶色の靴を合わせると、とてもおしゃれです。

また、**ベルトの色と靴の色をそろえましょう。統一感が出て、雰囲気が変わります。**靴を買うときに、似たような色のベルトをそろえておくといいでしょう。

茶色の中でも、色の濃淡がありますが、どんな色でも大丈夫。合わせやすいのは、濃い茶色です。

ストレートチップ、ウイングチップ、モンクストラップ、いずれのデザインでも構いません。

ひとつだけ注意が必要なのは、明るい茶色の靴です。黒も茶色も、どんなスーツにも合いますが、明るい茶色は、特に濃紺のスーツに合わせると想像以上に目立ちますので注意してください。まずは黒のストレートチップが何よりも基本です。

03

NGの靴

# スリップオンもブーツもNG

NG

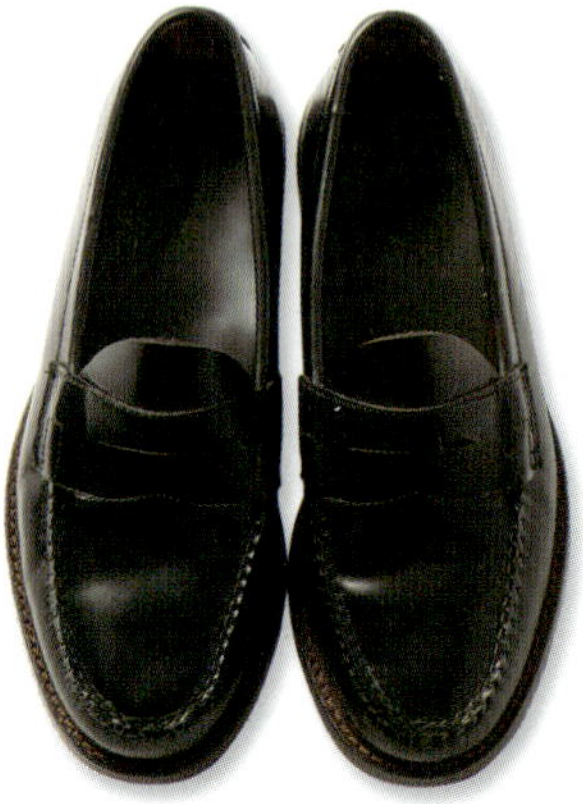

NG

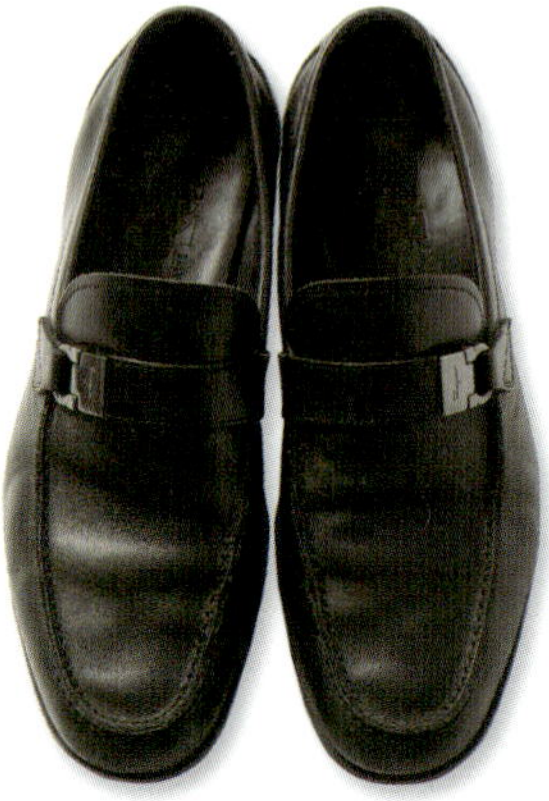

OK

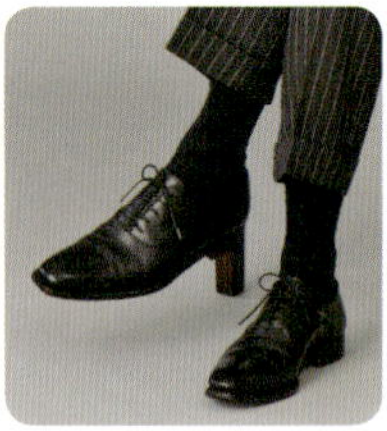

NG

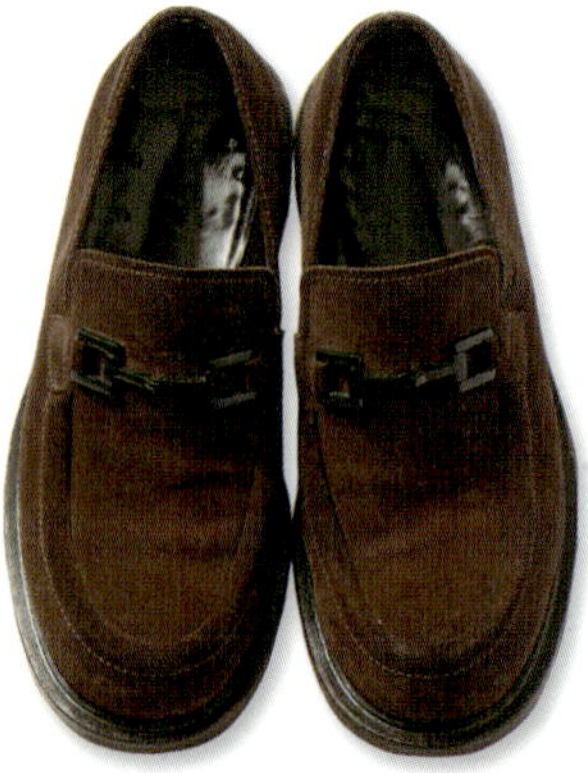

NG

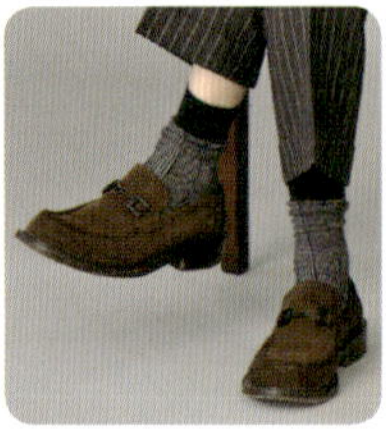

ここでは、スーツに合わせてはいけない靴を覚えておきましょう。間違った靴が何かを知っておくと、大切な場に出て行かなければならなくなったときでも堂々と振るまえます。

まず、よく見るのがスリップオン。または、靴紐がなくすっぽり履ける革のシューズ。これらは脱ぎ履きがしやすいので、ルーツとしてはワーキングシューズです。「スリップオン」とは、すぐ履けることから、アメリカでは「逃げ足の速い人」という意味でも使われ、英語圏ではいい印象はないようです。ローファーもスリップオンのひとつですが、これも「怠け者」が語源。日本でもハイスクールのジュニアたちが履く靴のイメージが強いので避けたいところです。

ブーツやスエードもNGです。双方ともに、カジュアルな場面での靴だからです。ビジネスシーンに、カジュアルは違和感を持たれる原因になります。今では見かけることが少なくなりましたが、先の尖った靴やブーツも同じ理由でダメです。

左下の2枚の写真を比べればわかるのですが、NG例は、靴が間違っている上に、肌が見えていたり、靴下も明るい色になってしまっています。足元の間違いは、全体を決めてしまうので注意しましょう。

# 靴磨きはたしなみ

**靴磨きセット**
ブートブラック

靴のこすれ、特に靴の内側のこすれはどうしてもできます。**靴磨きのキットも安く購入できますので、ぜひ月に一度くらいを目安に靴磨きをしましょう。**

まずは、ブラシを使って土やゴミ、ホコリなどを取り除きます。靴と靴底の境目は特に汚れがたまりやすいので、丁寧にブラッシングします。次に、古布に靴用のクリーナーをしみこませ、汚れが気になる部分を中心に拭いていきます。靴全体にクリーナーを塗り伸ばして、全体をきれいにします。さらに、別の古布を使って、革に水分と栄養を与える靴クリームを全体に塗っていきます。薄く全体に塗り伸ばしていくのがポイントです。そのあと、ブラシを使って皮をブラッシングしていきます。クリームを革になじませるのが目的です。強く、丁寧にブラッシングします。最後に、きめの細かいクロスで磨いてツヤを出します。ピカピカになったら防水スプレーをかけます。

昔のヨーロッパの紳士は、「靴磨きだけは召使いにはさせない」という人も少なくなく、たしなみだったようです。今も高級紳士靴のブランドには、「靴磨きの会」があるそうです。顧客が集まり、お酒を飲みながら靴を磨く。カッコいい大人の取り組みです。

05

靴下

# 靴下は、薄手の黒いハイソックスがベスト

**靴下**
右：ソッツィ
左：スーペリオール

座ったとき、あるいはソファで足を組んだとき、スーツの裾と靴下の間から、向こう脛が出てしまった……。こういうことは避けたいものです。**スーツの裾からは素足を見せないのが鉄則です。**

だから、スーツの下には、必ずハイソックスを履きましょう。長さは、ふくらはぎ全体を覆うくらいです。

これは、ロングホーズとも呼ばれます。ハイソックスを履いておけば、どんな体勢になっても、そうそう脛は見えません。

靴下の色はスーツの色より濃いものにしましょう。ですので、黒だと間違いがないですが、チャコールグレー、紺などもそのときの自分のスーツより濃ければＯＫです。どんな色目のスーツにも合います。夏場は、麻混など涼しい素材もあります。探せば、ふくらはぎにフィットして疲れにくくしてくれたり、静電気防止機能があるものもあります。便利なのでいろいろ試してみてください。

スーツの下には、黒いハイソックスがベストです。

06

かかと

# かかとのすり減りは、心のすり減り

靴で最も気をつけたいのは、かかとのすり減りです。たとえば、街で誰かの歩く姿を後ろから見て、かかとがすり減っていると印象が悪くありませんか？　意外にかかとのすり減りは目立つのです。

かかとがきちんとしている靴は、清潔感があります。逆に、かかとが減っていると、これとは逆の印象を持たれかねません。歩き方の癖で、極端に左右どちらかが減っているものはとてもマイナスイメージです。

かかとがすり減ってきたら、靴のリペアショップに行きましょう。「ユニオンワークス」はとてもきれいに仕上がります。また、駅やデパートなどにも入っている「ミスターミニット」などでもよいでしょう。前底（ソール）の修理もしてもらえます。**前底のすり減りも直してもらえば、靴全体の印象が生まれ変わります**。いい革靴を購入して、靴底を直しながら履くと、味も出ます。すり減りすぎる前に、早めに直してもらうと長く履くことができます。

07

靴は目立つ

# 靴は、スーツの3分の2くらいの値段のものを

思っている以上に靴は目立ちます。全体からすれば小さなパーツですが、「足元を見られる」という言葉もあるとおり、人は意外に見ているのです。

それこそ、せっかくいいスーツを着ているのに、ふさわしい革靴を履いていなかったら、どうにもバランスが悪くなったりします。しかし、とにかく高価な靴を買えばいい、というわけでもありません。

スーツは年収の100分の1を目安に、と先に書きましたが、靴はその半分から3分の2くらいを目安にしたらいいのではないかと思います。**スーツの値段を靴が超える必要はありません。**

いい靴は長持ちしますから、直しながら履いていきましょう。また、靴の数が増えていくと、一足一足の負担も減っていきますので、それぞれが長持ちします。

08

ラバーソール

# 雨の日にも安心なのがラバーソール

靴
ジャランスリワヤ

本革の靴は、基本的にソール（靴底）も革でできています。**私は雨の日にも、そのまま履くのをおすすめします。**帰ってから水滴をとり、その週末などに磨いて手入れすると問題はありません。

ただ、革のソールはツルツルしていて、とても滑りやすい、という声も聞きます。しばらく履いているうちに、ソールに傷が入ってすべりにくくなるものの、やはり雨の日など、履いていて不安だという声もよく耳にします。

ここでおすすめなのが、ソールがラバーでできているもの。見た目は違和感のない革のストレートチップですが、写真のようなソール部分に丸い凹凸があるダイナイトソールや、リッジウェイソールなどがあります。

本来、革底のままのほうが通気性がよく足なじみもよいのですが、不安な方は、先に紹介した靴のリペアショップなどでかかとだけでなく、ソールに硬質ゴムを貼ってくれるサービスもあります。どちらもラバーですから滑りません。

# 09

column

## Hair Salon

# 髪の毛は美容院で切ってもらおう

印象を大きく変えたいなら、ぜひ美容院に行ってください。やることはたったこれだけ。

理容院で心地良い顔剃りを楽しんでいる、という声もよく聞きます。**しかし、理容院で整えてもらった髪型と、美容院で整える髪型ではスタイリッシュさが格段に違います。**

トレンドに敏感な美容院は、時代の空気に合った髪型を間違いなくつくってくれます。断然、お洒落になります。これは、私が美容院をすすめた方が間違いなく言うことです。特に歳をとるほど美容院をおすすめします。歳をとってからだと、なかなか美容院に行く機会や勇気がない、という声をよく聞きますが、古くさい髪型になるという危険がなくなります。最近ではおしゃれな理容院も「メンズグルーミングサロン」という名前で出てきていますが、こちらもＯＫです。顔剃りがしたい方にはそちらをおすすめします。

［第5章］

# 立たない鞄は選ばない

01

鞄

# 立たない鞄は使わない

[ 下に鋲のついているものを選ぶ ]

バッグ
上：ソメスサドル
下：イセタンメンズ

鞄は「立つ」ものを選びましょう。

ビジネスでは鞄はそもそも床に置くもので、椅子の上に置くのは間違いです。だから、**鞄は床で倒れたりしない、自立するものを選びましょう。**

また、写真のように、鞄の底に鋲が打たれているものにしましょう。これがついているものは、床に置くことを前提につくられているので、安定感もありますし、床にべったりとついて鞄の底が汚れるのを防いでくれます。

まずおすすめするのが、写真のような革のブリーフケース。黒が使いやすいです。少し優しさを出したいなら、茶色も合格です。

革の鞄がルール的にはいちばんですが、今は昔と違って、重い荷物を持ち歩くシーンも多いです。書類だけではなく、パソコンだったり、タブレットPCだったり。そうすると、革のブリーフケースでは入らない、重くて運べない、という声も聞こえてきます。

そこで、ナイロン系のビジネスバックでもいいでしょう。ただし、やっぱり革の品にはかなわないことを覚えておいてください。

02

ベルト

# ベルトは幅に注意。バックルはシンプルなものを

**ベルト**
すべてイセタンメンズ

ベルトの選びかたは簡単です。写真のような、シンプルなバックルのものにしましょう。幅は2・5センチから3センチくらいのものにしましょう。革はツヤのあるものを選びます。

長く使っていると、バックルでよく締める部分のあたりが、くたびれて白っぽく変色してしまいます。こうなったら、すぐ変えてください。ベルトは、変色しているくらいなら、高価なものよりも、安価でも新しいもののほうが清潔感があり、印象がいいものです。

## ネクタイと同じく、ベルトも消耗品だと思いましょう。

正しいスーツのルールでは、ベルトのバックルは、とにかくシンプルなものがベストです。たまにあるのが四角いプレートのバックルや、デコラティブなもの。これらは使わないでください。特に、ブランドのマークがバックルになっているものはNGです。違和感とともに、「ブランドが好きな人なんだな」という印象を持たせてしまいます。また、クロコダイルの型押しなども派手すぎるので、ビジネスシーンではおすすめできません。

ベルトは腰骨の上あたりで止めるのが基本です。座っても苦しくならないように締めすぎず、少しゆったり目にしましょう。

03

時計

# 時計は、黒革で、薄いフェイスのものにする

時計：私物

どんな時計がビジネスではふさわしいのか。これもよく聞かれる質問です。
おすすめするのは、黒革のもの。そして、文字盤のフェイスが薄いものです。

**フェイスの色は黒でも白でもかまいませんが、フェイスは薄くなればなるほど、フォーマル度の高い印象をつくってくれます。**金属の部分は、基本的にシルバーがおすすめです。男性のゴールドは、どうしてもギラギラしてしまうからです。

黒い革ベルトは、きちんとした感じが出ます。一方、ベルトが金属製のものの中には派手な印象になるものが多いです。どうしても金属製のものにしたいなら、シルバーステンレスの、できるだけシンプルなものにしましょう。

パッと見て「あのブランドのものかな」と思われてしまう時計も、おすすめしません。「これはなんだろう」と、そこに目が留まってしまう、と違和感を持たれるのは時計でもよくありません。

おすすめはセイコーなど国産のものもよいでしょう。値が張りますが、オメガやＩＷＣのベーシックなモデルも素敵です。

04

財布

# 財布は革の長財布か二つ折りを

**長財布、二つ折り、コインケース**
すべてメゾン ド ヒロアン

食事をしながらミーティングをしたときに席でカード決済をする、など、財布はビジネスシーンで意外に人に見せる機会があります。自分では毎日見ているので、財布は劣化に気づきにくいアイテムのひとつです。使い込みすぎて黒ずんでいる、革がよれよれで白く変色しかかっているなどは、他人から見たら目立ちますので気をつけてください。

おすすめするのは、革製のシンプルな細身の財布。長財布や二つ折りなど、これは好みでどちらでも構いません。**色はやはり黒か茶色がいいでしょう。**

スーツの胸ポケットにしまうのであれば、長財布のほうがスマートに見えます。また、二つ折りにする場合は、長財布よりもパンパンに見えがちなのでこまめに中身の整頓を心がけましょう。また、小銭入れやコインケースもいいでしょう。財布がスマートに見えますし、おしゃれに見えます。財布も、「いかにもブランドもの」というのは、避けたほうが無難です。

写真は国産のブランド「メゾン ド ヒロアン」のもの。独自の技術で、ここまで薄くできるのかというくらい薄く仕上がっています。スマートにスーツの胸ポケットに入れるのにおすすめです。

05

香水

# フレグランスでおすすめしたい3つの香り

**[ ペンハリガン/ブレナム ブーケ オードトワレ ]**

ウッディで、気品を感じさせる紳士の香り

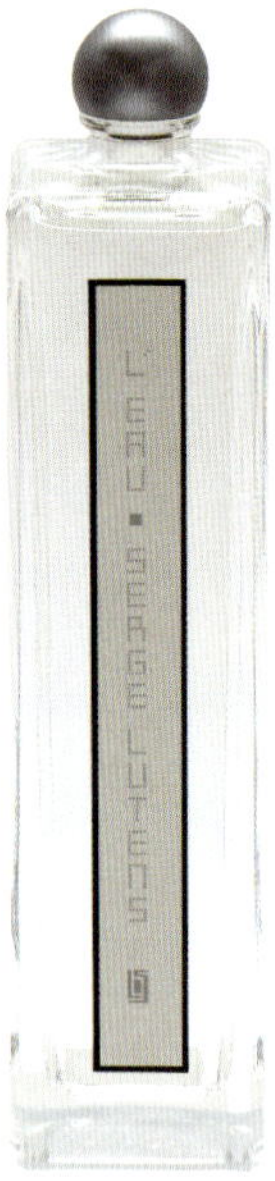


**[ セルジュ・ルタンス/ローセルジュルタンス オードパルファム ]**

クリアでナチュラル、透明な水のようなほのかな香り

**[ サンタ・マリア・ノヴェッラ/オーデコロン サンタ・マリア・ノヴェッラ ]**

サンタ・マリア・ノヴェッラの最古の香り。落ち着きを感じさせ、かつ爽やか

身体の匂いに気をつけるのも、身だしなみのひとつと先にも書きましたが、よりスマートに匂いにつきあうツールとして、ぜひトライしてみてほしいのが、フレグランスです。

それこそファッションに気を配ること以上に、「フレグランスなんて……」と考える男性もいますが、つけ方を守れば、「香水くさい！」とはなりません。相手を不快にさせないように、近づいたときにほのかにいい匂いがする、のが理想です。また、香りはメンタルにも大きく作用するので、つけてみて気に入る方も多いです。

香りは自分で「これがいいな」と思うものをセレクトするので構いませんが、写真では、誰にも好まれる、さわやかなおすすめの3つのフレグランスをご紹介します。

**つける場所でおすすめなのは、お腹にシュッと1回直接つけること。**これなら、外に強い香りを発することはないですし、香りは下から上に上がってきますので、自分もほのかな香りを楽しめます。素肌につけてください。

そうでなければ太ももにさっとつけましょう。これも、さりげなく香ります。

06

マナー

# 鞄のマナーはふたつだけ

**先に、鞄を椅子に置くのは禁止だと言いましたが、これは、汚れているものを、人が座ることになる椅子の上に置かないためです。**鞄は立てて横に置くのがルールです。

また、肩紐をかけて歩いているスーツ姿のビジネスパーソンもよく見かけますが、これは、スーツの肩の部分が、鞄の重みでずり落ちたりして、スマートには見えないし、とんでもなく重い荷物を持っているようにも見えます。

ただ、鞄を肩からかけたくなる気持ちはよくわかります。一日持ち歩くのは大変です。だから、必ずお客さまに会うビルの前では肩から外すようにしましょう。

受付には、肩から外し、手に持って伺います。そうすることで、スマートにお客さまを訪問できます。

お客さまのもとで違和感を持たれない鞄のルールを覚えておきましょう。

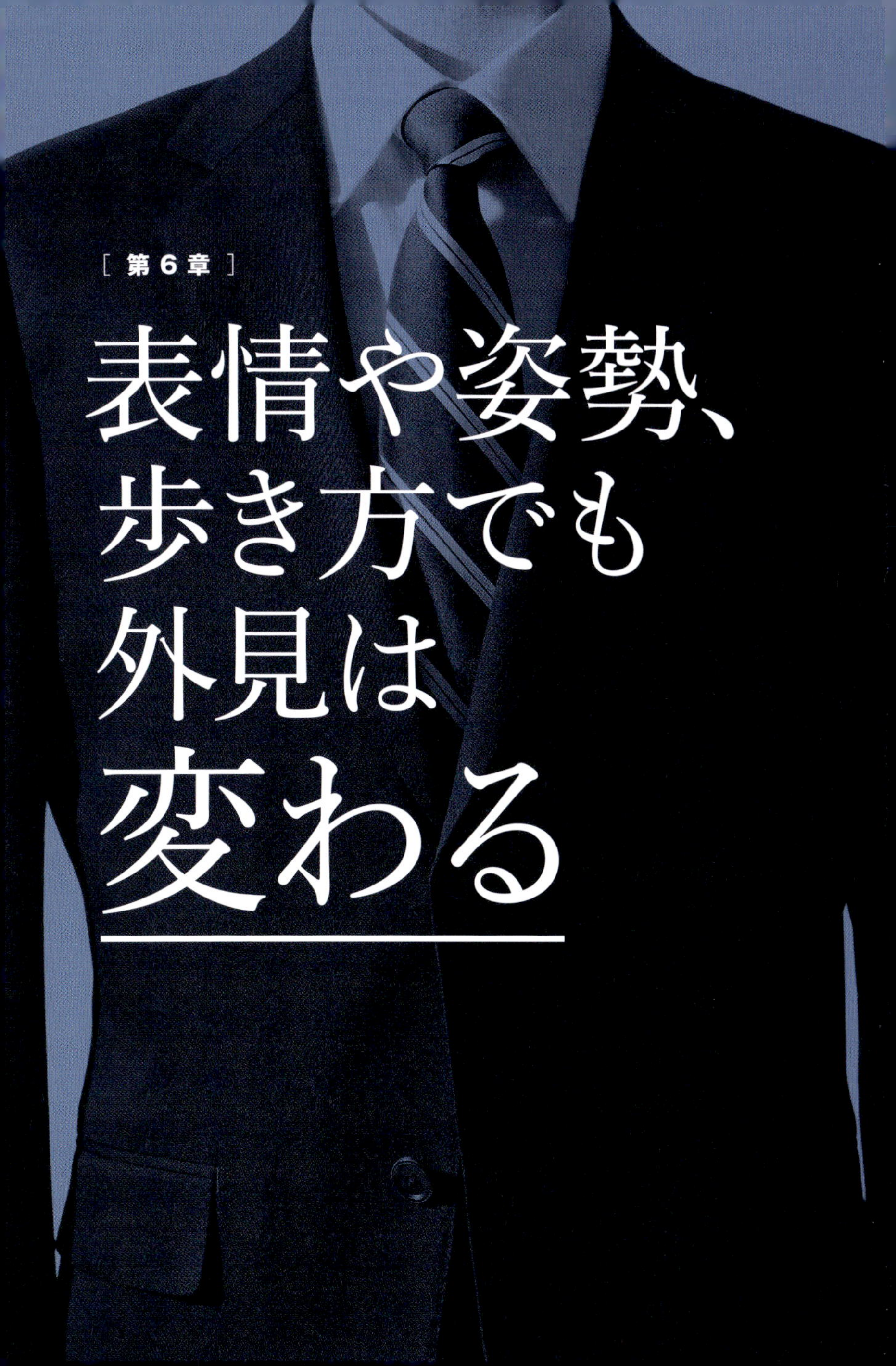

［第6章］

# 表情や姿勢、歩き方でも外見は変わる

# 01
# 見た目は9つの要素でできている

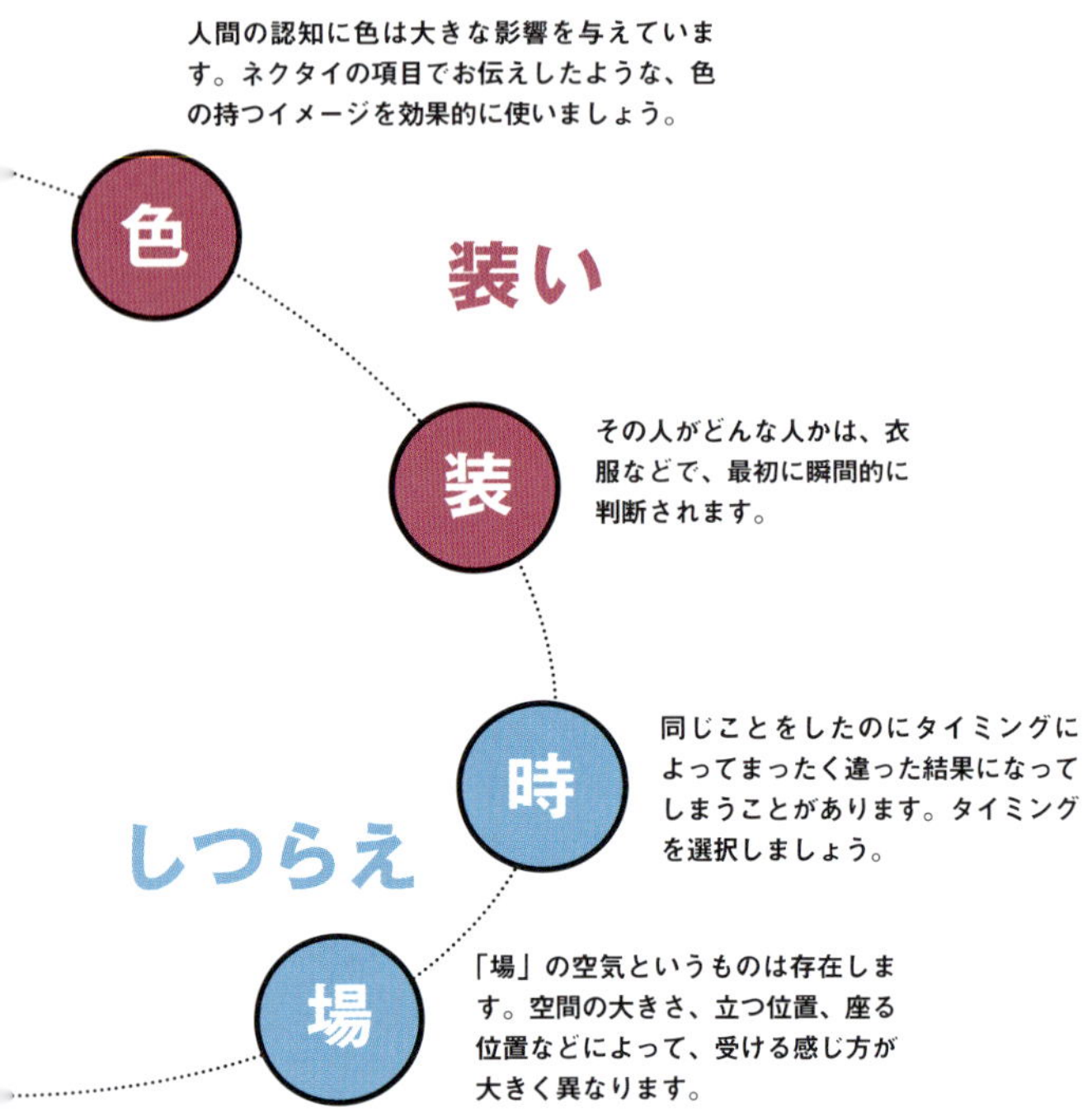

人間の認知に色は大きな影響を与えています。ネクタイの項目でお伝えしたような、色の持つイメージを効果的に使いましょう。
色
装い
装
その人がどんな人かは、衣服などで、最初に瞬間的に判断されます。
時
同じことをしたのにタイミングによってまったく違った結果になってしまうことがあります。タイミングを選択しましょう。
しつらえ
場
「場」の空気というものは存在します。空間の大きさ、立つ位置、座る位置などによって、受ける感じ方が大きく異なります。

人は「見た目」で人を判断している、とははじめにで繰り返し書いたことでした。瞬時に「見た目」に大きく影響するのは、これまで詳しく解説してきたファッション、いわゆる装いですが、他に「行動」でも判断しています。

上の表は、「装い」に加えて、他の何が印象をつくりだすのかを表したものです。

言葉以外で相手に伝わってし

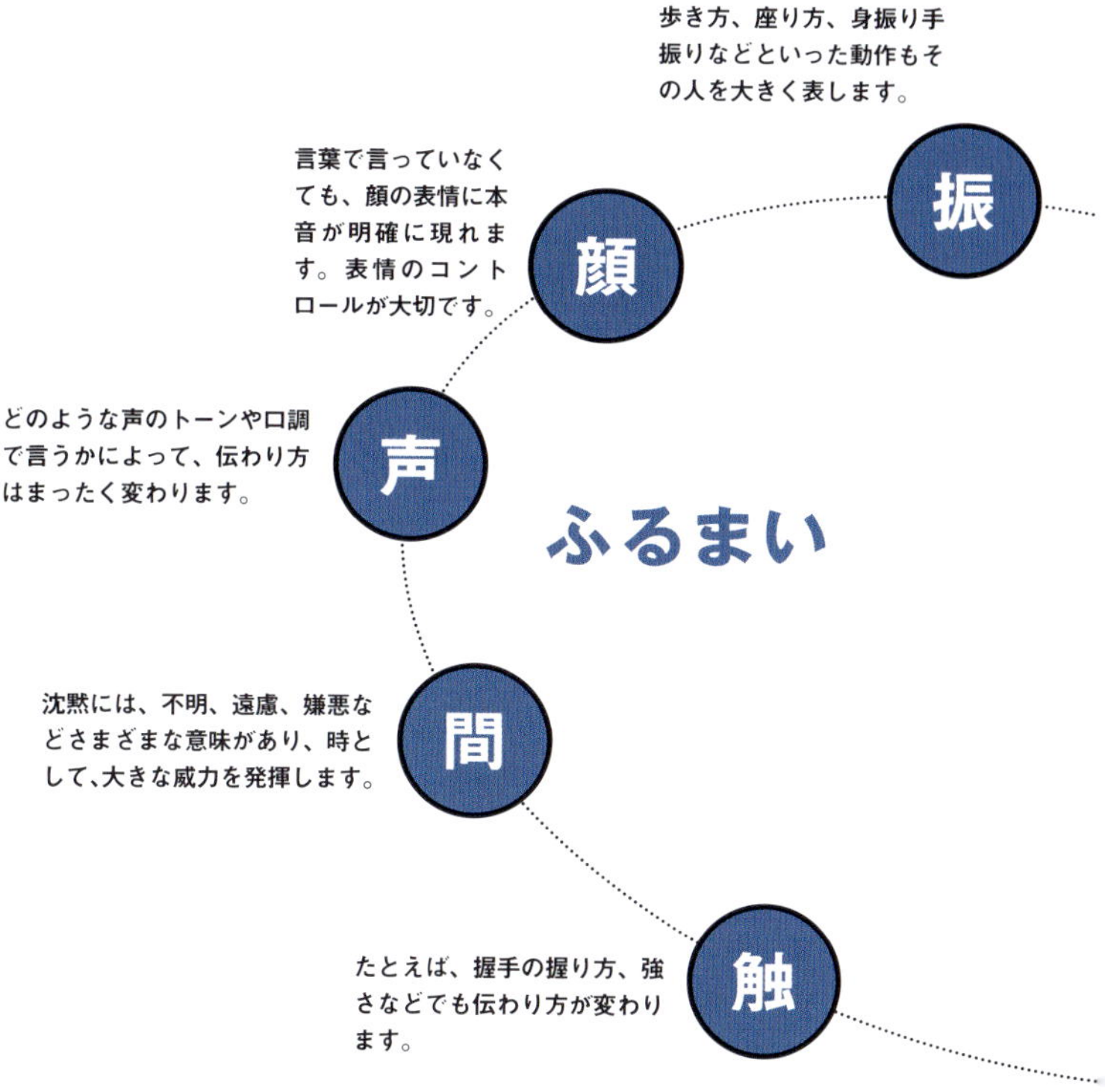
歩き方、座り方、身振り手振りなどといった動作もその人を大きく表します。
振
言葉で言っていなくても、顔の表情に本音が明確に現れます。表情のコントロールが大切です。
顔
どのような声のトーンや口調で言うかによって、伝わり方はまったく変わります。
声
ふるまい
沈黙には、不明、遠慮、嫌悪などさまざまな意味があり、時として、大きな威力を発揮します。
間
たとえば、握手の握り方、強さなどでも伝わり方が変わります。
触

まう非言語コミュニケーションには、上の表のような9つの要素があります。

　上の要素が「見た目」を構成していることを知っておくと、ちょっと握手をするとき、しゃべるときなど、ビジネスの場で非常に有利になります。

　この章では、どんなことを具体的に意識するといいのかをご紹介していくことにします。

02

# 「聞いているとき」の表情に気をつける

気をつけてほしいのが、「気を抜いたときの表情」です。ある政治家のアドバイザーを務めたとき、象徴的な出来事がありました。いろいろな人が選挙カーの上に乗って、応援演説をしたときのことです。

他の人が前に出て応援演説をしているとき、その後ろに立っている人の姿が、あまりに無防備だったのです。

ボーッとした顔をしていたり、目線がキョロキョロとせわしなく動いていたり……。

これは選挙の応援演説に限りません。講演会やパネルディスカッションなどでも同じです。自分がしゃべっているときは、意識は自分に集中していて、ものすごくきちんとしています。

しかし、自分のプレゼンが終わると、壇上でもつい気を抜くことが多いのです。日常のシーンでも、会議やミーティングの場面でも同じことが言えます。自分が発言しているときと、聞いているときの表情のギャップに気をつけましょう。

むしろ、**見ている側は、「こういう無意識のときにこそ、素の人間が出る」という考え方をしがちです。**

その人が言っていることよりも、「外見から感じること」を人間は優先するからです。だから、自分が話していないときこそ、要注意です。それこそ、「さっきはいいことを言っていたけど、本当なのかな」「ウソなんじゃないか」と思われてしまっても仕方がないのです。

逆に、自分が聞いている側の場合も注意しましょう。眠っている人や、ボーッとしている人がいたり、携帯電話をポケットから出して見始めたりなどする人もいます。これらは、壇上から意外によく見えます。たくさんの人が集まる会議などでは、無防備に自分をさらけ出してしまっている人がほとんどなのです。もし、壇上に上がっているのが、大事なお客さまだったり、自分の会社の経営者だったり、上司だったりしたらどうなるでしょうか。そんなとき、おかしな「ふとした瞬間」を見せてしまったら、それこそ印象は命取りになりかねません。

無意識のときにどんな表情をしているのか、自分で注意しましょう。

# 03

# 大股で、少し速く歩くのがいちばん颯爽と見える

歩き方というのは、意外に大きな要素です。

私は歩き方のトレーニングも行っていますが、まずは少し大股で歩くこと。だいたい3秒で5歩くらいのスピードで歩きましょう。これが、颯爽と見えるスピードです。

このスピードと歩幅をお伝えして歩いてもらうと「こんなに速いんですか」と驚かれることもあるのですが、歩いているところをビデオに撮ってお見せすると、「実際には、そんなに速くないんですね」と言われます。自分では、少し速く歩いていると思うくらいが、実はちょうどいいくらいです。

歩幅が狭く、ちょこちょこ歩く人は、なんだか余裕がない人なのかな、自信がないのかな、と性格まで心配されてしまいかねません。

あるいは、のんびりゆったり歩いてしまうと、なんだか仕事もそういう人なのか、というイメージも持たれてしまいかねません。

## 歩幅とイメージは直結しています。

何度も言いますが、人は外見で判断されるのです。

特に、人前でしゃべるとき、登壇するときなどはこれを知っておくとよいでしょう。

そういえば、外資系出身の経営者が、あるときフォーラムに招かれていて、呼ばれて登壇するときに、颯爽と小走りで、壇上まで駆け上がって上っていくのを見たことがありました。さすが、よくわかっているな、と感心したのを覚えています。

04

# 斜め下を向いた目線は自信なく見える

歩き方についてもうひとつ知っておいてほしいのが目線です。

実は、ほとんどの人が斜め下を見ながら歩いています。目線が斜め下を向いていると、自信のない、弱々しいイメージを与えてしまいかねませんので、特に人前で歩くときには気をつけましょう。

**いちばんいいのは、少し上くらいを見ながら歩くこと。**自動的に、胸を張っていることになり、とても堂々とした印象になります。

ちなみにプレゼンのときの声ですが、口を縦に開けようと意識すると明るい声になります。

口は通常、横に開きますので、自然にしゃべっていると縦にならないのですが、縦をイメージすると、声がワントーン明るくなるのです。

ある役者の指導をする先生に聞いたのですが、感じの悪い役のしゃべり方をするのは、簡単なのだそうです。それは、口をなるべく開けないようにしてしゃべること。

これだけで、ボソボソと嫌な感じが出ます。
明るくしゃべるのは、その逆です。

姿勢についても大切なことがあります。立ち姿勢で首が前に出ている人がとても多いので、注意してください。

壁に背を向けて立つと、かかと、お尻、肩、頭が一直線になります。これが正しい姿勢です。どうしても首が前に出てしまいがちな人は、首を後ろに引くイメージを持っておくといいと思います。

歳をとってくると、逆にお腹に力が入らずに弓なりになってしまう反り腰も多いようです。立ち姿勢については、腹筋を使って下腹に力を入れて立つときれいです。腹筋を鍛えると、姿勢も正しくなるので、筋トレも選択肢に入れてもいいかもしれません。

05

# 後ろ体重はＮＧ。聞く姿勢は前体重で

ビジネスでは、自分が話す以上に「聞く」場面が数多くあります。「聞く姿勢」というのも、イメージを左右します。

会議中、後ろ体重になっていませんか？　**それを「前体重」に変えることを心がけると「聞いていますよ」というサインになります。**立っているにせよ、座っているにせよ、前に体重をかけて、聞いていることを示すのです。

これは誰もが経験していると思いますが、会議で発言したとき、前体重で「うんうん」とうなずきながら聞いてくれる上司や同僚がいたら、心強いものです。ちゃんと聞いてくれていると安心して話すことができます。そんな相手には、誰しも好印象を持つはずです。

しかし、ついついやってしまいがちなのが、「後ろ体重」で聞いてしまうこと。立っているにしても、座っているにしても、体重を後ろにかけたり、それ以上に背もたれに深くもたれたり、目を閉じたり、腕組みをしていたらどうでしょう。「疲れていそう」と思われたり、最悪「横柄な人」という印象を持たれかねません。社内だと、その人のキャラクターを知っているかもしれませんが、初対面の人だと第一印象を悪くします。

話すときの姿勢には結構気を配るものですが、聞く姿勢には無防備な人が多いです。前に体重をかけて聞くだけで抜群にいい印象になりますので、ぜひ習慣づけることをおすすめします。

ちなみに、話すときのポイントもここでひとつ。会議でも、大きな講演などでも、大事なことは、しっかり全体に目線を配っていくことです。

全体が視界に入るように、会場全体をゆっくりと見渡します。ひとところに２秒くらい、ゆっくり目を留めましょう。ゆっくりしすぎているように感じますが、２秒より短いと、キョロキョロしているような印象になります。

人には、自分が向きやすい方向があるので、意識しないとどうしてもそちらの割合が多くなってしまいます。すると、目線が来ない人たちは無視されているように感じてしまいます。だから、均等に見えることが重要になるのです。

慣れていない人は、最初から見る順番を決めておきましょう。奥から順番に、アルファベットの「Z」の形で流れるように見ていくといいでしょう。こうすると、均等に見られます。

それから、立って話すときには、しっかりと立つこと。左右の体重移動は、ほどほどにしましょう。その場でふらふらしないほうが、堂々として見えます。「左右の足に体重を均等にかける」ことを意識しましょう。

NAKATA HANGER
東京都港区南青山 1-1-1
新青山ビル西館 1F
電話：03-6423-1222

**掲載アイテムのお問い合わせ先**
伊勢丹新宿店
160-0022 東京都新宿区新宿 3-14-1
電話：03-3352-1111（大代表）
イセタンメンズネット
https://www.imn.jp/
※商品は在庫切れの場合もあります。
あらかじめご了承ください。

あとがき

# 洋服が起こす良いスパイラルを味方にする

ノーベル賞を受賞された山中伸弥さんが、このようなことを言っていました。
「研究者にとって、実験をしていい結果を出すというのは仕事の半分にすぎません。では、残り半分は何が大切かというと、『自分の結果を、どうやって人に伝えるか』。論文として、もしくは口頭発表で、どうやって人に伝えるのか。とりわけ、他の科学者だけじゃなく一般の人にどう伝えるのか。それが研究成果と同じくらい大切」だと。

山中さんは、プレゼンのトレーニングもかなりされているそうで、まさに「伝えること」の重要性をおっしゃっています。

素晴らしい中身は、きちんと伝わって初めて「完成」する。

これは、トップレベルの研究者にとっては大げさなことではないようです。

本の中で何度となく繰り返しましたが、まさに中身は、きちんと伝わってこそ中身。

内面を伝えるために、洋服の力を使うことは、ビジネスパーソンに必須です。自分の性格や仕事への向き合い方が、外見にプラスとして出ることは、とても大きな意味があります。

私のセミナーを受講する人の中には、上司に言われてくる人もいます。

「お前の話をきちんと聞かれるかは、外見にかかっている」

「どんなにいい提案を持っていても、事前にシャットアウトされたら意味がない」

こんなことを言われる人が多いようです。

忙しい現代のビジネスパーソンはたくさんの人に、短い時間で会わなければいけません。外見で値踏みされるシーンはとても多いのです。

あるシニアマネージャーがいました。その人の上司は、彼の中身を評価していたのですが、彼を役員に推薦したいのにできない、その理由が「エグゼクティブプレゼンスが足りない」ということでした。その上司に、彼を何とかしてくれ、と言われて、そのお手伝いをしたのですが、同じころ、ある別の人からも依頼がありました。「私の部下の女性を系列会社の社長にしたいけれど、社長としての見た目が足りないから、変えてくれないか」。

優秀なだけでは足りません。その中身を外に出るようにし、いかに外見で伝えていくかが大切です。

外見が整い、自分の中身を外見でもしっかりと伝えられるようになると、周囲からの理解も深まり、協力も得やすくなり、結果として、成果が出やすくなります。

そうするとその実際の成果が評価され、新たな仕事を任されたり、新たな人や価値観に触れることも多くなり、ますます内面が充実してきます。そうして変わった内面が、今度は外面に滲み出し、そして、さらに磨かれた外見に……。という、終わりのないよいスパイラルが生まれます。

洋服の力はとても大きいのです。どうせ着なければならないのなら、ぜひこの良いスパイラルを味方にしてください。

この本を読んで分かる通り、スーツはアイテムが少ないので、基本の覚えるべきことは簡単です。こんなにルールは簡単なのに、知っているといないのとでは、人生が大きく変わってきます。身に着けておいて、得することはあれど損することは絶対にありません。本書をぜひ、参考にしていただけたら、これ以上嬉しいことはありません。

最後になりましたが、衣装協力をしていただいた伊勢丹新宿店メンズ館の方々に感謝申し上げます。

また、本書を出版するにあたって、ブックライターの上阪徹氏にご尽力いただきました。この場を借りて、深く感謝申し上げます。

「見た目」の力を味方にできるビジネスパーソンがひとりでも増えることを。本書がわずかでもその一助になれば、大変幸いです。

２０１７年４月　木暮桂子

［著者］
**木暮桂子**（きぐれ・けいこ）
株式会社ディグニータ代表取締役。
シンガポール航空にて、フライトアテンダントとしてシンガポールに駐在。
在職時に high achiever of compliments（年間を通じてお客様からの感謝状の多かったクルーに対して授与）のTOP10として表彰される。その後帰国し、株式会社グロービスの創業期から現在のグロービス経営大学院（マネジメント・スクールおよび大学院）の立ち上げに関わり、東京校のステューデント・オフィスの責任者として戦略立案、マーケティング、営業全般に広く携わる。また、法人向け研修として非言語コミュニケーションスキルトレーニングの講座を開発、自ら講師を行う。
その後、独立し、現在の株式会社ディグニータを設立。経営者、政治家をクライアントに持ち、外見力強化のコンサルティング、スピーチトレーニングを行う。また、戦略コンサルティングファーム、大手企業等のビジネスアピアランスコンサルティング、企業研修を手がける。これまで1000名以上の見た目を変え、外見力強化を実施、依頼が後を絶たない。ビジネスにおける最高の見た目を提案する内容が大人気で、「評価されることが増えた」「つきあう人が変わった」「昇進した」などの声多数。
http://www.dignita.co.jp

## ビジネスという勝負の場は一瞬、しかも服で決まる

2017年5月24日　第1刷発行
2017年7月5日　第3刷発行

著　者——木暮桂子
発行所——ダイヤモンド社
〒150-8409　東京都渋谷区神宮前6-12-17
http://www.diamond.co.jp/
電話／03･5778･7234（編集）　03･5778･7240（販売）

写真————坂田幸一
アートディレクション—加藤京子（sidekick）
デザイン——我妻美幸（sidekick）
編集協力——上阪徹
校正————加藤義廣（小柳商店）
ＤＴＰ———キャップス
製作進行——ダイヤモンド・グラフィック社
印刷————加藤文明社
製本————ブックアート
編集担当——中野亜海

©2017 Keiko Kigure
ISBN 978-4-478-10197-1
落丁・乱丁本はお手数ですが小社営業局宛にお送りください。送料小社負担にてお取替えいたします。但し、古書店で購入されたものについてはお取替えできません。
無断転載・複製を禁ず
Printed in Japan